Next Level

Wahrer Wohlstand ist unser Geburtsrecht

INFINITY
Sun Spirit VERLAG

Danksagung

Dieses Buch widme ich meinen 3 wundervollen Kindern Patrick, Philipp und Laura-Jasmin. Ihr seid großartig, außergewöhnlich liebenswürdig und talentiert!

Danke, dass ihr mich als Mutter ausgesucht habt.

Ihr seid die besten Kinder, die man haben kann.

Das, was man einem Menschen niemals wünschen sollte, ist: bleib so, wie du bist! Deshalb wünsche ich mir für euch, dass ihr euch ständig weiterentwickelt, dem schnelllebigen Leben die Stirn bietet, stets aus jeder Aufgabe und der dazugehörigen Herausforderung als die beste Version eurer Selbst hervorkommt.

Ihr seid nicht nur mein „Warum", sondern auch meinen „Wofür".

Für euch stehe ich morgens auf und arbeite bis tief in die Nacht.

Für eure Zukunft gebe ich alles. Ich wünsche mir, dass auch ihr bis an euer Lebensende stets alles gebt.

Ihr müsst nicht perfekt sein, ihr müsst nicht

Besonderes leisten, aber gebt bei allem, was ihr tut, immer 110 Prozent, also immer genau da noch eine Schüppe drauf, wo andere ihr Limit erreichen.

Ich liebe euch über alles...

Mama

IT'S
NOT
OVER
WHEN
YOU
LOSE
IT'S
OVER
WHEN
YOU
QUIT

Next Level

Wahrer Wohlstand ist unser Geburtsrecht

Suprani Sommer

Über die Autorin

Mein Name ist Suprani Sommer. Ich wurde 1971 in Bangkok/Thailand geboren und lebe seit 1986 in Deutschland.

Mit Ausnahme meiner Mutter glaubte niemand so recht an mich und so wuchs ich lange Zeit in dem Glauben auf, dass es für mich fast unmöglich wäre, jemals ein erfolgreiches Leben zu führen. Zu widrig waren die Umstände. Jahrelang hörte ich als Kind einer eingewanderten Alleinerziehenden kaum etwas anderes, als dass niemals etwas aus mir werden würde.

Doch ich war stets auf der Suche nach Leichtigkeit und Tiefe zugleich. Ich meditierte viel und kam als junge Frau erstmals mit asiatischer Kampfkunst in Berührung. Diese lehrte mich etwas sehr Wichtiges: Für deinen Gegner gelten die selben Regeln, er hat die gleichen Vorbereitungszeiten und die gleichen Voraussetzungen und trotzdem gewinnt immer nur einer.

Das war die Erkenntnis, die mir sagte, dass ich mein Leben allein durch meinen Willen selbst verwirklichen könne. Mit diesem Antrieb und dieser Stärke war der Erfolg plötzlich greifbar und so gestaltete ich ganz bewusst meinen weiteren Weg.

Heute bin ich dreifache Mutter und erfolgreiche Unternehmerin, führe ein Leben in Fülle und genieße es, jeden Tag das tun zu können, was ich liebe.

Ich weiß, wie es ist, ganz unten zu sein. Ich weiß, wie es ist, ein mittelmäßiges Leben zu leben. Ich weiß aber auch, wie es ist, als erfolgreiche Unternehmerin mein Herz-Business zu verwirklichen und jeden Tag erfüllt zu sein.

Ich bin von ganzem Herzen erfolgreiche Autorin, habe mich durch Ablehnungen meines Umfeldes nie von meinem Weg abbringen lassen. Stattdessen habe ich mich an jenen Menschen orientiert, durch die ich wachsen konnte, und bin mir selbst treu geblieben.

Es ist mein persönliches Anliegen, dich als LeserIn zu befähigen, dein Leben aus deinen eigenen Fähigkeiten heraus zum Positiven zu verändern. Ich verschriftliche meine Inhalte und Botschaften mit viel Leichtigkeit und Liebe – ganz nach dem Motto: Es darf auch leicht gehen!

Liebe Leserin und **lieber Leser, liebe Unternehmerin** und **lieber Unternehmer, Entrepreneur, Coach** und **Experte!** Ich freue mich sehr, dass dich dein Weg zu diesem Erfolgsbuch geführt hat!

In diesem Buch findest du den Beweis dafür, dass es möglich ist, dir deine Träume zu erfüllen:

Den Traum von Erfolg und Fülle zu leben, den Traum, durch innere Kraft erfolgreich jeden Tag deine Ziele zu erreichen.

Doch was braucht es dazu?

- Braucht es die Kraft deiner Gedanken, deine Energie und deine Motivation?
- Braucht es die Einbeziehung äußerer Gesetzmäßigkeiten und ein Verinnerlichen dieser?
- Oder braucht es nur eine klare Business-Strategie und jede Menge Know-how?

Die Wahrheit ist: Es braucht nicht nur eine, sondern alle drei dieser Komponenten.

Stell dir vor, du weißt genau, was du als Nächstes tun musst, um dir durch dein Business das Leben zu erschaffen, das du dir wirklich wünschst!

Stell dir vor, du bist genau die erfolgreiche Online-Unternehmerin,

der erfolgreiche Online-Unternehmer, der du gerne wärst.

Und stell dir vor, du weißt genau, wie du deine Energie, deine Gedankenkraft und deine Strategie kombinierst, sodass der Erfolg zu dir kommt, ohne dass du ihm hinterherlaufen musst!

Ich zeige dir einen Weg und einfache Methoden auf, wie du dein Leben und dein Traum-Business auf das „Next Level" katapultierst.

- Werde zu der besten Version deines Selbst und lebe sie, deine wahre Version!

- Lerne, wie du dir ein Leben und ein Business erschaffst, das federleicht ist, unabhängig von äußeren Einflüssen.
- Lerne, wie du die Gesetze des Universums und die Methoden, die in in diesem Buch vorgestellt werden, nutzen kannst, um mehr Kunden zu akquirieren als je zuvor.
- Erfahre, wie es dir möglich wird unsichtbaren Blockaden, die dich behindern, aufzulösen und so endlich deine wahre Vision zu leben.

Ich habe viel Herz und Energie in dieses Buch einfließen lassen. Sobald du erfahren hast, was es mit dem Inhalt dieses Buches auf sich hat, wird deine Zukunft magisch sein.

Dein Leben wird neu, unglaublich wertvoll und auch einfacher werden. Danke, dass du dabei bist. Ich freue mich sehr darüber, in diesem Moment dein wertvollster Wegbegleiter zu sein.

Die Inhalte dieses Buches beinhalten alles, was du wissen musst, um erfolgreiches Business endlich richtig zu verstehen, zu verinnerlichen und zu leben. Alles Wichtige steht in diesem Buch.

Ich wünsche dir den Erfolg für dein Leben und dein Business, den du bereits in dir trägst. Aber vergiss bei allem Ehrgeiz nicht, dass es auch Spaß machen darf!

Also lehne dich zurück, während du die folgenden Zeilen liest und sei einfach locker. Jeder Moment im Leben ist ein kleiner Neuanfang. Wie fange ich am besten neu an? Motiviert, locker und offen für Neues. Ich wünsche dir viel Vergnügen und schöne Aha-Momente beim Lesen.

Auf geht‘s!

Dein Life-Coach

Inhalt

Erweitere deinen Horizont

Ein paar No-Gos für dein Mindset

Finde deinen Weg im Dschungel

Kapitel 2 – Next Level

Echter Erfolg basiert auf den universellen Gesetzen

Die universellen Prinzipien bestimmen alles, was ist

Kapitel 3 – Die wichtigsten Unternehmer-Tools für deinen Erfolg

Wie du dich auf dem Milliarden-Markt richtig positionierst

Richte dich neu aus!

Prolog

Wenn du mich fragst, warum das Leben so kompliziert und anstrengend ist und warum uns der Erfolg nicht einfach in den Schoß gelegt wird, kann ich dir heute antworten: Weil wir das Leben noch nicht genügend durchschaut und weil wir uns selbst noch nicht gut genug kennengelernt haben. Anders gesagt, uns fehlen die Erfahrung und das Wissen über das, was wir vorhaben und über uns selbst.

Wir leben das Leben vorwärts, doch erkennen können wir es nur rückwärts. Und diejenigen, die den Weg bereits gegangen sind, den wir noch vor uns haben, sind unsere besten Wegbegleiter.

Es gibt zwei große Irrtümer, die uns das Leben unnötig verkomplizieren. Zum einen ist es der Trugschluss, dass deine innere Transformation nur im stillen Kämmerlein funktioniert. Zum anderen ist es der Irrglaube, dass dein Business allein durch äußere Strategie erfolgreich und erfüllend für dich ist.

Wenn du beides durchschaut hast und in die Umsetzung kommst, wird es eine neue Klarheit und Kraft in deinem Leben geben, die dir den Weg zu innerer Erfüllung und äußerem Erfolg garantiert.

Im Grunde ist das Leben unbeschreiblich einfach, sobald wir die Gesetzmäßigkeiten, die es durchdringen, begreifen und wir in weiterer Folge diese Gesetzmäßigkeiten als Teil des Ganzen auch für unseren Erfolg nutzen. Damit tun wir nicht nur uns selbst, sondern auch der Welt einen großen Gefallen. „Einfach" bedeutet jedoch nicht, dass es immer leicht ist.

Lass uns gemeinsam auf den Wellen der Erfolgsgesetze surfen und dabei sogar Spaß haben, während wir uns über unsere kleinen und großen Erfolge freuen.

In diesem Buch wirst du die drei wichtigsten Werkzeuge vorfinden, die aus meiner langjährigen Erfahrung die größte Aufmerksamkeit verdienen und die für deinen Erfolg und dein inneres Wachstum die höchste Priorität haben:

Das **erste** *und* **wichtigste** *Werkzeug bist* **du** *selbst. Das* **zweite,** *das spirituelle Werkzeug, sind die uns umgebenden* **universellen Gesetze,** *die immer funktionieren, egal ob du daran glaubst oder nicht. Und das* **dritte,** *das praktische Werkzeug, sind* **Tipps** *als* **Wegweiser** *für dein* **erfolgreiches** *Business.*

Warum erzähle ich dir das alles?

Mir ist eine einzige Sache sehr wichtig: Es geht um viel mehr als um Geld! Du bist dazu gemacht, etwas Großes zu schaffen! Mein Start war viel schwieriger, als er für viele andere Menschen ist. Meine Geschichte soll dir Mut machen, an dich zu glauben. Erst kurz vor meinem 17. Lebensjahr nach zwei Jahren harter Schule hier in Deutschland, hatte ich in mir ein Feuer entdeckt, das seitdem unentwegt brennt und mir in gewisser Weise den Weg aufzeigt, den ich bis heute gehe. Meine Schulzeit war von Extremen geprägt. Es gab Zeiten voller Ehrgeiz. Doch ich hatte keine Freunde, niemanden, dem ich mich anvertrauen konnte. Solche Erfahrungen können jemanden vernichten oder stärker machen.

Meine Geschichte soll dich stärken, wenn du einmal denkst, es geht nicht mehr weiter. Denke daran, dass ich es geschafft habe, und dass dein Wille und deine Kraft unendlich viel größer sind als du glaubst. Unsere Vergangenheit kann uns gleichgültig sein, sobald wir es geschafft haben, sie wirklich hinter uns zu lassen und erkennen können, worauf es im Leben ankommt. Lebe deine Vision! Alles andere wird dich unglücklich machen!

Mache es jetzt! Nutze deine Chance jetzt, bevor es zu spät ist! Triff diese wichtige Entscheidung jetzt!

Es braucht deine Energie, dein Wissen, deine Skills, aber auch deine Geduld und dein Know-how und ebenso das deiner Team-Kollegen und deiner Mentoren. All das wird dir deinen Erfolg garantieren.

Es ist so erfüllend, ein Fels in der Brandung zu sein für so viele Menschen. Wenn du plötzlich erfolgreich und in der Lage bist, so viel Gutes zu tun, wirst du sehen, wie tief dich das erfüllt. Du verdienst mehr Geld mit deinem Wissen, mehr Geld mit deinen Produkten. Abgesehen von den wirtschaftlichen Vorteilen, die du hast, bringt dir das einfach mehr Freiheit. Im Gegensatz zu meinen Eltern ist es mir heute möglich, meinem Kind dessen Wünsche zu erfüllen. Das erfüllt mich, weil es mir in meiner Kindheit anders ging. Die Wünsche, die man mir erfüllt hat waren die elementarsten Wünsche, die ein Mensch haben kann. Hunger zu stillen, Wärme für den Körper und ein Bett zum Schlafen. Meine Erfahrungen in der Vergangenheit haben aber dazu geführt, dass ich meinen Weg in der Zukunft so bestreite, wie ich es heute mache.

Sei vertrauensvoll und steh zu deinem Wort. Sei ein verlässlicher Helfer für die, die deine Hilfe brauchen.

Ich habe die Entscheidung getroffen, meine Ideen zu verwirklichen, meine Familie zu unterstützen, mein Unternehmen erfolgreich zu führen. Welche Entscheidung triffst du? Wofür brennst du? Es geht um deinen Willen, wie sehr willst du es? Es geht nicht um Geld, sondern darum, deiner Verantwortung gerecht zu werden. Das zu erreichen, wofür du dich entschieden hast. Gib deinem Kunden alles, was er braucht, um seine Ziele zu erreichen. Du bist der Vorreiter, der den Weg bereits gegangen ist und diese wertvollen Erfahrungen an all die anderen weiter gibt, die denselben Weg gehen wollen. Deine Kunden sind keine Versuchskaninchen, denn du kennst den Weg. Du hast deine Erfahrungen bereits gesammelt und nun kannst du sie mit dem Rest der Welt teilen.

Schätze deine Erfahrungen, die auch für deine Kunden wertvoll sind.

Es ist gleichgültig, in welchem Bereich du aktiv bist. Es ist genau der Bereich, in dem du der wertvolle Vorreiter für andere bist. Sei dir deiner Stärken und der deiner Partner bewusst. Arbeite auf Augenhöhe mit deinen Partnern. Es geht um einen Lebensstil. Es geht um die Verantwortung, der älteren Generation zu zeigen, wie die neue Generation arbeitet, die mit einem völlig neuen Mindset aufgewachsen ist. Gewinne Menschen für Konzepte, die ihnen Positives bringen und gleichzeitig einen Grundstein für die neue Generation legen, die wir auf diese Art und Weise direkt und indirekt beeinflussen können im Sinne einer sehr erfolgreichen Zukunft.

Im Grunde geht es nicht um Expansion um des Gewinnes wegen, es geht um ein menschliches Ziel für eine bessere Zukunft. Ich glaube fest daran, dass nur ein solch inneres Konzept auch zu äußerem Erfolg führen kann.

Zeige, was du drauf hast, und sei von dir selbst überzeugt!

Weißt du, warum die Menschen oft und viel reden? Worte gibt es unbegrenzt und sie kosten nichts.

Du kannst sie aber nutzen, um andere zu berühren. Wenn du es schaffst, deinen Worten Wert zu geben, mit ihnen einen wertvollen Inhalt zu vermitteln, wenn du deinen Worten Taten folgen lässt und deine Ideen dann auch tatsächlich verwirklichst, dann ist dir dein Erfolg sicher. Warte nicht, tu es jetzt!

Das, was jetzt in dir ist, will auch jetzt umgesetzt werden.

Kapitel 1 – Next Level

Es beginnt und endet alles bei DIR

Du bist immer erfolgreich

Das, woran wir glauben und was wir uns innerlich stetig vorsagen – ob positiv oder negativ – wird zwangsläufig auch erfolgen.

Erfolg ist nicht nur für jeden etwas anderes, er drückt sich vor allem durch die inneren Überzeugungen im Außen aus. Wenn du unter Erfolg ein gut gefülltes Portemonnaie und ein teures Auto verstehst, in deinem Inneren jedoch immer wieder eine Stimme dir sagt, dass du ein Versager bist und du nichts auf die Reihe bekommst oder du es nicht verdient hättest, glücklich zu sein, dann wird sich dein Erfolg im Außen vermutlich auch niemals zeigen.

Wahrer Erfolg ist kein Zustand, sondern eine Reise zu unserem wahren Ich. Es ist die Fähigkeit, sich selbst zu erkennen, und aufbauend auf dieser Selbsterkenntnis sein Leben so zu gestalten, sodass es stimmig ist.

Unsere Zeit ist wertvoll. Dass der Erfolg gerade nicht unserem Innersten entspricht, können wir gut daran erkennen, wenn wir uns klein fühlen und träge, unglücklich oder depressiv sind.

Solltest du einem der größten Missverständnisse in diesem Leben unterliegen, nämlich dass du glaubst, du seist nicht richtig und wertvoll, so wie du bist: Erinnere dich daran, dass in dir etwas sehr Wertvolles existiert, das von Anfang an da war.

Du brauchst dich nur zu erinnern, wie wertvoll du bist, um all die Selbstzweifel, die man dir beigebracht hat, loszuwerden. Beginne dabei bei deinen Gedanken.

Du sabotierst dich selbst

Kennst du das Gefühl, ein Déjà-vu nach dem anderen zu erleben? Zum Beispiel, wenn du bei den immer selben unliebsamen Tätigkeiten immer die selben Gedanken und Gefühle hegst?

Da ist immer die selbe Endlosschleife an Gedanken in deinem Kopf. „Hach, jetzt steh ich schon wieder hier am Bügelbrett und muss so viel Wäsche bügeln.“ Dabei erinnerst du dich an das letzte Mal, als du beim Bügeln die Gedanken schweifen ließest. Manchmal fallen dir sogar dieselben Gedanken wieder ein, die dir schon in der letzten Woche kamen. Du hast dich über deinen Nachbarn geärgert. Und jetzt wiederholen sich die selben Gedanken, Worte, Fragen. Innere Bilder und die dazu gehörigen Emotionen kommen wieder, während du jetzt der selben Tätigkeit nachgehst wie vor einer Woche.

Oder du ertappst dich dabei, wie du wieder davon träumst in ein fernes Land zu reisen, weit weg von deinem Alltag. Denkst du an Gründe, warum du nicht dort sein kannst? Warum du nicht genug Geld verdienst, weil du einfach nicht so erfolgreich bist wie ein anderer, der jetzt gerade an seinem Lieblingsstrand sitzt und das Leben genießen kann?

Immer die selben Bilder, das selbe Fernweh, die selben Gedanken.

Sie sind alles andere als angenehm: die damit verbundenen Gefühle von Es-nicht-wert-sein, von Nicht-gut-genug-sein, von Es-nicht-verdient-haben und so weiter.

Vermutlich hat sich jeder von uns schon öfter als einmal in diesen Gedanken- und Emotionsschleifen verloren.

Aber hast du dir das so vorgenommen? Hast du bewusst geplant, beim Bügeln wieder die selben Gedanken zu denken um dich nach getaner Arbeit wieder genauso demotiviert, müde und ausgelaugt zu fühlen wie beim letzten Mal? Nein, natürlich nicht!

Vielleicht war es dir nicht einmal bewusst, dass du ständig von diesen inneren Dialogen überschwemmt wirst, die unsortiert, ungesteuert, ungefiltert und vor allem so gut wie immer negativ sind und damit zerstörerisch für deinen Selbstwert, für deine Lebensqualität und letztlich für deinen Erfolg.

Doch wie entkommen wir diesem Gedankenkarussell? Fakt ist, die Gedanken kommen ungefragt. Wir haben sie nicht eingeladen. Also werden sie nicht von selbst verschwinden, sozusagen auf Nimmer-Wieder-Denken.

Der erste wichtige Schritt ist, dass du sie erkennst als das, was sie sind: Programmierungen. Woher sie kommen spielt keine Rolle, es sei denn du willst viel Zeit aufwenden, um nach den Ursachen zu forschen. Entscheidend ist, dass du dich nicht länger mit ihnen identifizierst.

Nimm die Beobachterrolle ein. Steige aus dem Spiel aus. Befreie dich von dieser emotionalen und geistigen Belagerung und schaue dir die Sache von oben aus der Distanz an. Durch dieses Beobachten gelingt es dir, Abstand zu schaffen, zwischen dir und diesen Gedankenschleifen. Halte sie nicht länger für wahr, stelle sie infrage: Ist das wirklich so? Ist das wirklich wichtig? Je häufiger es dir gelingt, die Beobachterrolle einzunehmen, desto mehr nimmst du deinem inneren Saboteur die Macht.

Irgendwann kommst du an einen Punkt, an dem du vollkommen neutral oder sogar amüsiert denkst: „Ah interessant!“, sobald sich diese Stimmen in deinem Kopf wieder einmal äußern.

Unterschätze das Gedankenkarussell nicht! Die meisten Menschen identifizieren sich mit ihrem Verstand und glauben an das, was dieser ihnen vorspielt. So wird man niemals frei sein und man selbst sein können.

Du redest ständig mit dir selbst

Ich behaupte, dass du, sobald du nicht mit jemand anderem ein Gespräch führst, sofort beginnst, mit dir selbst zu sprechen. Genauer formuliert, es spricht etwas in dir. Die Frage ist: Welche Stimme spricht da? So, wie es Selbstgespräche und Dialoge mit anderen gibt, so gibt es aus meiner Sicht auch zwei innere Gesprächskandidaten. Einen, der uns nicht gut tut, jedoch ständig ungefragt und oft und laut jammert, kritisiert und negativ bewertet. Das ist unser von der Außenwelt indoktrinierter Verstand. Er ist der Verursacher endloser Reigen von Ausreden, Zweifeln, Lügen, Vermutungen, Verurteilungen etc.

Es gibt nur wenige Ausnahmen, in denen die auf Vergangenheit und Angst basierenden Annahmen und Äußerungen des Verstandes hilfreich sind. Hilfreich ist er etwa, wenn er uns davor warnt, die heiße Herdplatte anzufassen oder zu schnell über eine eisige Straße zu fahren. Das sind jedoch wenige Ausnahmen.

Die zweite innere Stimme in uns kommt selten zu Wort, da ihre Stimme leiser ist als die des Verstandes. Deshalb wird sie gerne überhört. Je aktiver dein Verstand plappert, desto weniger kannst du diese zarte Stimme in dir wahrnehmen, die aus deinem Innersten kommt. Manche nennen sie die Stimme aus dem Herzen oder aus dem Bauch. Es ist dein inneres Bewusstsein, das zu dir spricht. Ich nenne diese beiden inneren Stimmen fortan Ego-Verstand und wahres Selbst.

Der erste wichtige Schritt, den du tun kannst, ist es dir einzugestehen, dass du tatsächlich dauernd in einem inneren Dialog bist. Menschen, die in Meditation und Gedankenhygiene ungeübt sind, könnten am Ende eines jeden Tages ein ganzes Buch mit ihren Gedanken füllen, wenn sie sich nur bewusst an sie erinnern könnten.

Der Ego-Verstand wird dir niemals aufzeigen, was wirklich in dir steckt und wie du das Gedankenkarussell loswerden kannst. Er wird dir nicht zeigen, wie es dir möglich ist, dein Leben endlich frei und erfolgreich zu gestalten. Du kannst dich jederzeit zurücklehnen und das Gedanken-Spektakel beobachten, ja vielleicht es sogar schmunzelnd genießen.

Das kann uns allerdings nur gelingen, wenn wir genügend Abstand einnehmen und als Beobachter unsere Gedanken nur anschauen und vorbeiziehen lassen.

Viel wichtiger als die Gedanken zu reduzieren ist es, sie bewusst wahrzunehmen und sich nicht von ihnen einfangen zu lassen. Wenn du dich nicht mehr länger mit dem Gedanken, du seist nicht gut genug oder zu alt, zu dick, immer zu spät oder zu langsam identifizierst, hast du schon halb gewonnen.

Natürlich werden die selben Gedanken und Glaubensmuster immer wieder kommen. Manche Gedankenströme sind bereits so oft durch dein Hirn geflossen, dass du dir diese wie Autobahnen vorstellen kannst. Diese sind schon oft befahren und daher nicht so einfach zu stoppen. Da braucht es den steten Tropfen, der den Stein höhlt.

Ich kann es nur wiederholen: Mache dir deine Gedanken bewusst!

Frage dich, wenn du dich bei einem Gedanken ertappt hast, ob er überhaupt stimmt! Solange du dich mit diesem Angst-Gedanken identifizierst, der dir zum Beispiel sagt, dass du immer an den falschen Partner gerätst, wird dir genau das passieren. Es ist wie eine ständige Neuprogrammierung.

Du programmierst dich jeden Tag neu

Diese Gedankenströme können wir kaum ändern, doch wir können entscheiden, wie viel Bedeutung wir ihnen geben.

Es bringt nichts, wütend auf die sabotierenden Gedanken zu sein, denn sie tun einfach nur ihren Job. Vergleichbar mit einem PC, der nur das auf dem Bildschirm anzeigen kann, was eingegeben wurde. Genau so zeigt dir dein Monkey-Mind immer wieder das an, was du eingegeben, zugelassen und nicht verändert hast.

Im Grunde sind unsere Köpfe regelrecht zugemüllt, wie manche unserer Kellerräume, Schubladen oder Dachböden. Wer nimmt sich schon gerne die Zeit aufzuräumen? Eine Schublade aufzuräumen, ist wesentlich einfacher als etwa einen ganzen Keller, weil die Dinge sichtbar und überschaubar sind. Die Gedanken in unserem Kopf gleichen eher einer riesigen Datenbank, also in diesem Beispiel eher einem unaufgeräumten Keller.

Damit wäre es also eine Lebensaufgabe, diese Datenbank täglich Gedanke für Gedanke umzuprogrammieren.

Es geht jedoch im Grunde nur darum, die unnötig negativen, verurteilenden, bewertenden oder einschränkenden Gedanken aufzuspüren und diese allesamt zu hinterfragen. Wenn du erkennst, dass dir ein Gedanke oder Glaubenssatz gar nicht hilfreich ist, kannst du im selben Moment Abstand davon nehmen, ihn kritisch beäugen und ihm weniger Bedeutung geben. Vielleicht kannst du sogar dem Gedanken eine neue Bedeutung geben oder neue Gedanken und Worte in deinen Verstand einpflanzen.

Wie du denkst, so sprichst du auch! Und so erlebst du auch deine Welt. Bedenke, dass du immer, wenn dein Verstand dich in eine vergangene schwierige Situation zurückholt, dieselben Emotionen hast wie damals. Damit verstärkst du diese damalige Realität, die aber heute möglicherweise gar nicht mehr so da ist. Das ist einer der Gründe, warum manche Menschen einfach nicht aus ihren Angstschleifen kommen oder immer wieder an denselben Aufgaben in Ihrem Leben scheitern.

Wenn wir uns jedoch klar machen, dass wir heute andere, bessere Voraussetzungen als früher haben, eine Aufgabe zu lösen, dann geben wir uns selbst die Möglichkeit, jetzt erfolgreich zu sein.

Entscheide dich, der Situation von damals keine Bedeutung mehr zu geben. Das in dem Wissen, dass du es jetzt schaffen kannst und zeige deinem Ego-Verstand ruhig den Stinkefinger. Damit verdeutlichst du ihm, dass er unrecht hatte und lieferst ihm eine erfolgreiche Situation, die das alte Bild Stück für Stück überlagern oder ersetzen kann.

Fakt ist das, woran du glaubst. Deine inneren Gedanken und Glaubenskonstrukte, denen du folgst, manifestieren sich in deiner Außenwelt. Du kreierst dir im wahrsten Sinne des Wortes deine Welt selbst – Tag für Tag. Damit hast du aber auch Tag für Tag die Möglichkeit, deine Welt durch die Änderung deiner Gedanken und Sichtweisen zu verändern, so wie du es dir wünschst. Du hast sogar die Pflicht, genau das immer wieder zu tun. Denn es ist die wichtigste Aufgabe und Voraussetzung für deinen Erfolg, den du dir wünschst.

Glaube nicht länger an Zufälle oder daran, dass sich zuerst im Außen etwas ändern muss. Du selbst kreierst deine Wirklichkeit in deinem Kopf und projizierst diese nach außen. Das bedeutet, du bist für deine Welt verantwortlich. Du hattest in fast jeder Situation die Wahl, wie du diese erleben oder meistern willst. Was für den einen ganz furchtbar ist, kann für den anderen eine willkommene Situation sein. Definiere dich und dein Leben täglich neu!

Deine Worte verraten dich

„An ihren Taten könnt ihr sie erkennen", schrieb einst der Apostel Johannes. Es könnte auch lauten: „An ihren Worten und Taten könnt ihr sie erkennen." Denn im Grunde sind wir nichts weiter als das ausführende Organ unserer Gedanken. Wie wir denken und woran wir glauben, so sprechen und so handeln wir.

Hinter jeder Weltsicht und hinter jeder Handlung steht zuerst der Gedanke, also das Wort.

Forschungen aus der Psychologie und der Neurowissenschaft besagen, dass unser Leben ganz entscheidend von unserem Umgang mit Sprache geprägt wird (Prof. Will Hart, University of Alabama).

Wenn ich dir nur eine kurze Weile zuhöre, während du deine Lebensumstände schilderst, kann ich bereits erkennen, ob du ein Pessimist oder ein Lebenskünstler bist. An deiner Sprache kannst du selbst erkennen, wie du Situationen in deinem Leben erlebst, wie du darüber denkst und was du glaubst. Sie zeigt auf, wie du auf Herausforderungen reagierst und welches Bild du von dir selbst und deinem Leben hast.

Das ist einfach spannend. Versuche es selbst. Höre jemandem zu und erkenne, wen du vor dir hast.

Im Grunde sorgen unsere Gedanken und Gefühle dafür, wie wir uns fühlen. Lies die folgenden Gedanken laut vor: Die ganze Welt ist schlecht und ich bin ein Versager!

Wie fühlst du dich mit diesem Gedanken? Ging dein Blick nach unten oder hat sich dein Brustkorb sogar verengt? Macht er dich traurig oder wütend?

Nun denke an etwas Wunderschönes. Denk dich in die beste Situation hinein, die du dir gerade vorstellen kannst.

Sei genau dort, wo du jetzt sein willst. Schau dich selbst an! Du trägst deine Lieblingskleidung, dein Gesicht strahlt, du bist das blühende Leben! Du erlebst gerade eine wunderbare Sache, die mit Erfolg und mit Lebensfreude zu tun hat. Vielleicht auch mit Leichtigkeit und Freiheit.

Merkst du, wie es dir ein Lächeln ins Gesicht zaubert und wie du tiefer einatmest, während du gedanklich dort bist? Vielleicht spürst du, wie sich die Lebensfreude auf deinen Herzschlag auswirkt, wie dein Körper sich lebendiger anfühlt und Vorfreude aufkommt? Du spürst Motivation, Freude, Leichtigkeit.

Stell dir jetzt die Frage, welche Entscheidungen dich weiter bringen? Sind es Entscheidungen in Phasen, in denen du dich stark, freudig und lebendig fühlst, oder sind es Entscheidungen aus einer Lethargie oder Angst heraus?

Wenn du dich darin übst, optimistische Selbstgespräche zu führen, kannst du damit unter anderem deine Stimmung und dein Selbstvertrauen enorm verbessern und damit auch deine Leistungsfähigkeit oder Selbstzufriedenheit erhöhen. Das belegen auch wissenschaftliche Studien, wie z. B. die Forschungsergebnisse von Prof. Hart, University of Alabama.

Lass dir nicht länger von den tausenden alten und unproduktiven Gedanken in deinem Kopf deine Laune und dein Leben verderben.

Du kannst jetzt anfangen, deine negativen Gedankenschleifen in positive zu verwandeln. Wort für Wort, Gedanke für Gedanke. Du wirst bemerken, dass Probleme, die erst unüberwindbar schienen, plötzlich gar keine echten Probleme mehr sind.

Oft tragen wir Glaubenssätze in uns, die uns einen Erfolg im Geschäftsleben nicht erlauben.

Ich habe einen solchen bei mir selbst erkannt, als ich während meiner ersten Seminare eine unglaubliche Blockade in mir spürte, die mich fast zur Verzweiflung brachte. Es war der verdeckte Glaubenssatz „Ich darf nicht erfolgreich sein, sonst verrate ich meinen Vater". Obwohl er nicht mehr am Leben war, hatte ich aus Liebe zu meinem Vater, der in seinem Leben gescheitert war, scheinbar unbewusst diese Entscheidung getroffen. Nachdem ich den Glaubenssatz aufgelöst hatte, fühlte sich das Leben wie neu an. Ab da ging es steil bergauf. Es ist nicht zu unterschätzen, was wir alles in unseren Körperzellen machtvoll gespeichert mit uns schleppen.

Nein, ich fordere dich nicht dazu auf, ab jetzt alles optimistisch zu betrachten. Wenn du noch nicht in der Lage bist, einen Glaubenssatz wie „Ich kann keinen Hund streicheln" umzuwandeln, weil deine Angst oder dein Trauma noch zu tief sitzt, dann sei behutsam mit dir selbst.

Natürlich kannst du einen Hund streicheln. Stelle dir einfach immer wieder vor, dass du das irgendwann kannst. Eben weil du es wirklich willst. Dein Wille ist ein wichtiges Instrument. Das habe ich dir mit meiner Geschichte bereits gezeigt. Dein starker Wille macht erst all das möglich. Wenn du etwas verändern willst, frage dich im nächsten Schritt: Will ich das wirklich? Ein „Ich kann nicht", wird nicht akzeptiert. So hart es klingt, aber es stimmt: Ich kann nicht, heißt auch immer: Ich will nicht. Allein über diese Tatsache hat auch mein Verstand mehr als einmal rebelliert.

Erfolg hängt nur von deinem Innenleben ab

Weißt du, dass du jeder beliebigen Sache unterschiedliche Bedeutungen geben kannst? Jedes Mal, wenn du behauptest: Das ist so und nicht anders oder „Ich kann das nur so sehen", „Ich kann das nur so empfinden", dann fehlt es dir an Flexibilität.

Der Unterschied zwischen Erfolg und Misserfolg hängt immer davon ab, wie du die Dinge interpretierst. Wir sehen immer das, wonach wir Ausschau halten. Achte einmal darauf!

Es liegt an unserem Gehirn, welches uns immer auf das fokussieren lässt, woran wir glauben. Und es liegt es daran, dass wir unserer Natur gemäß alles andere ausfiltern.

Wie oft haben wir ein Ereignis als das Schlimmste, was uns je passiert ist, empfunden oder auch so beschrieben? Wir haben viele Male derart reagiert, obwohl wir im Nachhinein feststellen mussten, dass das maßlos übertrieben war, weil das Ereignis doch belangloser war, als wir zuerst dachten.

Im Nachhinein erkennen wir, dass wir übertrieben haben. Wir haben etwas gesagt, das nicht der Wahrheit entspricht. Das geschieht häufiger, als du denkst.

Als Beispiel folgende Sätze: „Ach, schon wieder geht das schief, das passiert immer nur mir. Ich kann das nicht. Ja, ich bin mal wieder zu blöd. Herrgott, bin ich peinlich." Das könnte ich seitenlang so fortsetzen.

Wir sagen uns diese Sätze, ohne zu wissen, was wir uns damit antun. Diese Worte bleiben in unserem Kopf und stärken entweder alte Verbindungen oder schaffen neue. Das Fatale daran ist, dass wir uns damit emotionalen Ballast aufladen und uns unsere neue Realität schaffen.

Du kennst das, wenn du tausend Mal sagst, dass es so ist, ist es irgendwann tatsächlich so. Du hast entweder so sehr daran geglaubt, dass es so ist oder du hast es dir einfach nur oft genug selbst erzählt. Ob du dich dann darüber freust, dass du zumindest recht hattest, sei dahin gestellt. Vermutlich hättest du es dir doch anders gewünscht. Daher kommt vermutlich die bekannte Frage: „Willst du recht haben oder glücklich sein?".

Den meisten ist nicht bewusst, welche Auswirkungen, ja welche Macht ihre Worte und Gedanken haben. Alles ist Energie oder Frequenz, alles Gedachte und Gesprochene und alles, was wir tun, schwingt nach und wirkt sich aus.

Es macht sogar einen Unterschied in der Qualität einer servierten Mahlzeit, mit welcher Energie, mit welchen Gedanken du diese zubereitet hast. An dieser Stelle könnte man sich tatsächlich die Frage stellen, ob es nicht gesünder ist sein Essen selbst zuzubereiten oder ins Restaurant zu gehen und dann nicht zu wissen, wer in welcher Stimmungslage die Mahlzeit zubereitet hat.

Sensitive Menschen können das sofort fühlen. Doch die Mehrheit denkt nicht einmal über mögliche Ursachen ihrer Befindlichkeit nach.

Schlaue Köpfe haben mittlerweile erkannt und nachgewiesen, dass pessimistische Selbstgespräche wie „Oh, wenn ich das nicht schaffe" oder „Dafür bin ich einfach zu dumm, das ist viel zu schwer" Emotionen zur Folge haben, die einem das Leben schwer machen und sich auf Lebensbereiche auswirken, die mit dem ursprünglichen Gedanken gar nichts zu tun hatten.

Gedanken erzeugen Emotionen und diese wiederum erzeugen neue – dazu passende – Gedanken. Ein Teufelskreis also, der unbedingt gestoppt werden muss.

Durch Achtsamkeit und tägliches Beobachten deiner Gedanken kannst du dem auf die Schliche kommen. Je bewusster du wirst, desto bewusster wirst du auch deine Sprache wählen. Du wirst dir auch der negativen Bedeutung einiger Worte, die wir tagtäglich völlig unbedacht wählen, gewahr und in weiterer Folge bestrebt sein, andere Worte zu wählen, vielleicht sogar völlig neue Begriffe zu finden, die nicht negativ besetzt sind.

Es wird dir dabei vermutlich auffallen, wie viele scheinbar neutrale Worte überhaupt keine positive Resonanz in sich tragen. Es macht einen Unterschied, ob du sagst: „Ratschlag" oder „mögliche

Lösung". Es macht auch einen Unterschied, ob du ein „Problem" siehst oder eine „Chance zum inneren Wachstum", ob es „Krisen" sind oder „Herausforderungen, die dich weiter bringen".

Hast du schon einmal einem sehr weisen Menschen zugehört und dich gewundert, wie bewusst achtsam dieser seine Worte wählt? Er lässt sich die Zeit, die er benötigt, bevor er seine Worte ausspricht. Wenige Worte sagen oft viel mehr. Und die Energie und Ausdruckskraft, die in ihnen steckt, ist wesentlich stärker spürbar.

Wir machen uns unser Leben tatsächlich schwerer als es ist, wenn wir uns immer wieder selbst bestätigen, wie schwierig, wie schlimm, wie gruselig dieses oder jenes ist.

Diese automatischen Gedanken fließen jederzeit und unsere kritische Stimme in unserem Kopf empfinden wir als so normal, dass wir es nicht einmal bemerken, wie sie unsere Stimmung und unser Verhalten bestimmt. Wir sind regelrecht fremdbestimmt, wie hypnotisiert, und folgen einem Programm in unserem Kopf, das nicht unserem wahren Kern entspricht.

Es sind Programme, die uns durch Medien, Bilder, Vorleben anderer beeinflussen. Wieoft bist du wirklich bei dir selbst? So richtig im inneren Frieden mit dir? Wieoft bist du so klar, dass du genau weißt, was du willst und warum du es willst? Wieoft hast du wirklich das Gefühl, dich selbst so gut zu kennen wie keinen anderen? Ist es nicht viel häufiger so, dass du das Gefühl hast, anderen besser helfen zu können als dir selbst? Woran das wohl liegt?

Es lohnt sich wirklich, mehr Zeit mit uns selbst zu verbringen und uns nicht so sehr von außen ablenken zu lassen. Das ist jedes Mal so, als ob wir unser Steuer aus der Hand geben und vom Weg abkommen. Je öfter wir das tun, umso mehr Arbeit haben wir dann, wieder auf unseren eigenen Weg zu kommen. Wenn du innerlich klar bist, dann siehst du auch im Außen alles klar.

Bring dich auf Erfolgskurs

Steige aus dem Blinde-Kuh-Spiel aus

Viele Menschen wissen überhaupt nicht, was alles möglich ist. Sie wissen nicht, dass sie in einem Hamsterrad gefangen sind und sie wissen nicht, dass sie eine falsche Vorstellung von Erfolg haben.

Wir alle spielen eine Art Blinde-Kuh-Spiel. Wir werden von klein auf so geprägt, wie andere es für richtig halten. Wir werden nie gefragt, was wir wirklich wollen und wir haben selten die Gelegenheit, in uns hinein zu horchen, um zu entdecken, wer wir eigentlich sind und wie wir wirklich leben wollen. Erste Versuche uns und unser Leben zu hinterfragen kommen häufig erst dann, wenn wir erkannt haben, dass wir etwas in unserem Leben so nicht mehr wollen.

Das ist beispielsweise der Fall, wenn wir uns vom Partner trennen, eine andere Berufsrichtung einschlagen oder neue Freunde, einen neuen Wohnort, ein neues Hobby finden und merken, dass wir damit glücklicher oder mehr wir selbst sind.

Viele unliebsame Geschichten passieren, weil wir uns selbst einfach noch nicht kennen. Heute begegne ich immer mehr Menschen, die glücklich ihre Passion leben und mit dem, was sie lieben, sogar Geld verdienen. Doch sie sind immer noch in der Minderheit. Das muss sich ändern!

Warum sind wir so blind? Weil unsere Wahrnehmung für uns selbst verkümmert ist. Sie ist verschwunden oder wurde gar nicht erst ausgebildet.

Nur wer nicht weiß, wer er ist, und unsicher darüber ist, mißtraut der eigenen Wahrnehmung, was für einen selbst stimmig ist, und lässt sich von außen beeinflussen.

Es ist wirklich fatal: Die Missachtung unserer eigenen Wahrnehmungen hat ernste Folgen. Wir haben uns den Misserfolg unserer Eltern zu eigen gemacht, ihre Glaubenssätze übernommen und denken wie sie weiterhin, das Leben sei unfair und hart.

Wir sind nach einem Misserfolg am Boden liegen geblieben und haben uns entschieden, alle Erfolgreichen zu beneiden, nur weil wir es selbst gerade nicht geschafft haben.

So, wie wir die Welt sehen, so reagieren und agieren wir. Wir schaffen sozusagen unser Leid dadurch ständig neu. Weil wir nicht durchschauen und erkennen, dass es auch ganz andere Wahrheiten für uns geben kann.

Es ist wissenschaftlich belegt, dass jemand nur mit halber Kraft arbeitet, wenn er nicht an sich und seinen Erfolg glaubt und davon ausgeht, dass er sowieso scheitern wird.

Sehen wir hingegen den Erfolg in greifbarer Nähe, gibt uns diese Aussicht auch die Kraft ihn zu erreichen. Natürlich ist der Glaube an den Erfolg nicht alles, aber ohne diesen Glauben ist es weitaus steiniger. Entdecke, wer du bist und nutze dein Leben als Rahmenwerk für deine Entscheidungen.

Der Erfolgreiche steht immer wieder auf

Erfolgreiche Menschen haben selten oder keine Angst mehr vor dem Scheitern, weil sie erkannt haben, dass jeder Erfolgreiche immer wieder scheitert und dass diese Erfahrungen wichtig sind, um zum Erfolg zu gelangen.

Den Erfolgreichen gäbe es nicht, hätte er nicht seine Sichtweise auf Misserfolge verändert.

Es hätte die Glühbirne nicht gegeben, hätte der Erfinder all seine gescheiterten Versuche als Versagen interpretiert und nicht als eine der vielen Möglichkeiten, wie es eben nicht funktioniert. Er hat nicht aufgegeben, weil er den Erfolg für absolut möglich hielt und die Lösung unbedingt finden wollte.

In allem findet sich das Gute und das Schlechte. Das berühmte Beispiel vom halb gefüllten Wasserglas zeigt uns das. Je nachdem, welche Perspektive man einnimmt, sieht man das Glas als halb voll oder halb leer an.

Das gesamte Leben ist eine Interpretationssache.

Sind Probleme oder Fehler für dich schrecklich und lästig oder sind es nützliche Erfahrungen für dich, um weiter voranzukommen?

Tatsächlich könnten wir uns die Frage stellen, ob wir unsere Realität nur in unserem Kopf erzeugen und dann dementsprechende Ergebnisse im Außen sehen und erleben.

Ich glaube, dass es möglich ist, äußeren Ereignissen keine Macht über uns zu geben, wenn wir klar ausgerichtet sind und eine gute Wahrnehmung für uns selbst entwickelt haben. Dann haben wir die Binde von den Augen genommen. Wir erkennen, dass wir viele Möglichkeiten haben, erfolgreich und glücklich zu sein. Und wir verstehen, dass die noch blinden Kühe deshalb frustriert sind, weil sie genau das noch nicht erkannt haben oder glauben können.

Vielleicht wird dir jetzt klar, dass dein Leben nicht aufgrund deiner besonderen Lebensumstände und äußeren Faktoren so ist, wie es jetzt gerade ist. Wenn du erkannt hast, dass es deine Innenwelt, also deine Gedanken sind, die das alles verursacht haben, kannst du dich ab jetzt entscheiden, bewusster zu werden. Weniger zu reagieren, als bewusst zu handeln, wenn es Handlung benötigt.

Überwinde deinen Ego-Verstand

Das bedeutet nichts anderes als dem inneren Saboteur weniger Aufmerksamkeit zu geben. Erkenne stattdessen, dass du getriggert wurdest. Zieh dich zurück, bevor du emotional reagierst. Frage dich, warum du gerade verletzt und verärgert bist oder andere Emotionen empfindest. Selbst wenn man provoziert oder geärgert wird, hat man die Macht, das zu ignorieren und innerlich mit dem Gedanken zu lächeln: „Interessant, was da gerade passiert."

Das gelingt, indem du dir bewusst darüber bist, dass diese Situation etwas mit dir zu tun hat. Ich meine nicht mit deinem wahren Selbst, sondern mit den inneren Programmen, nach denen du bisher gelebt hast.

Der folgende Satz klingt krass, aber er stimmt: „Jeder bekommt das, was er verdient." Nach den universellen Prinzipien ist es so. Was wir bekommen zeigt uns ganz klar auf – im Negativen wie im Positiven – welche Glaubenssätze in uns aktiv sind.

Solange du bestrebt bist im Außen Dinge ändern zu wollen oder meinst, diese müssten sich ändern, wird dies eine Fahrt in eine weitere Sackgasse sein. Du wirst stets zum gleichen Ergebnis kommen und dabei viel Energie verlieren. Vor allem wird es dich wertvolle Lebensfreude kosten.

Warte nicht länger darauf, dass eine Person in deinem Leben sich ändert, dass jemand dir die Anerkennung gibt, die du so sehr vermisst, dass man dir für all deine Mühe endlich den Dank erweist, den du verdient hast.

Das alles ist Bedürftigkeit. Kinder sind bedürftig. Wenn wir bedürftig sind, sind wir wieder wie kleine Kinder, die wir einst waren. Dein Leben wartet aber darauf, dass du dich zeigst.

Das Leben ist niemals gegen dich. Es zeigt dir nur, wo du hinschauen solltest. Du musst keine Lösung im Außen finden, weil du selbst die Lösung bist. Du hast alles, was du brauchst, in dir, immer und überall.

Du bist die Person, auf die du gewartet hast. In dir liegen all die wertvollen Schätze verborgen, die du gesucht hast, begraben unter all den sabotierenden Gedanken und Blockaden.

Beginne mit dem inneren Umbau

Wusstest du, dass deine Gedanken die physische Struktur deines Gehirns verändern können? Man nennt das „Neuroplastizität“, ein interessantes Phänomen und eine neue Sichtweise auf unser Gehirn und unser Denken. In jeder Lernsituation baut unser Gehirn kontinuierlich Nervenbahnen um, die für unser Denken und Handeln verantwortlich sind. Und wir haben die Möglichkeit, genau diese Schaltkreise so zu gestalten, dass sie uns dienlich sind. Das können wir erreichen, indem wir uns neue Blickwinkel auf Situationen und Dinge zulegen.

Indem wir andere Perspektiven einnehmen, die eine förderliche Ausrichtung haben. Auch gezieltes, positives Selbstgespräch und eine kraftvoll bejahende Sprache können hinderliche Gewohnheiten durchbrechen und unser Leben dauerhaft verändern. Denn wir wirken durch positive Gedanken tatsächlich auf die Funktionsweise unseres Gehirns ein, indem wir es umbauen.

Außerdem kannst du durch bewusste Gedanken auch bewusster auf deine Emotionen einwirken. Du bestimmst mehr und mehr selbst, wie du dich fühlen willst und bist nicht länger Spielball deiner unberechenbaren Welt der Emotionen.

Das geschieht durch sorgsame Auswahl unserer Worte und indem wir genauer auf unseren Sprachgebrauch achten.

Entscheide dich jetzt dafür, dir ab sofort einen aufbauenden Wortschatz zuzulegen und alles Negative einfach aus deinem Wortschatz zu verbannen. Ein persönlicher Motivationstrainer ist eine geniale, jedoch auch kostspielige Alternative, die sich erfolgreiche Personen nicht grundlos gönnen.

Du wirst durch Achtsamkeit in deinem Sprachgebrauch deine Sicht auf die Welt und auf dein Leben ändern.

Damit erzeugst du deine Wirklichkeit selbst. Es ist keine Frage der Lebensumstände. Sie mögen noch so herausfordernd sein. Es kommt nur auf deine Sicht und deinen Umgang mit diesen an.

Du entscheidest in jedem Augenblick über deine Befindlichkeit und deine Zukunft durch die Art und Weise, wie du die Dinge betrachtest, wie du mit ihnen umgehst. Siehe ab heute deine alltäglichen Probleme als Chance oder als Spiegel für Themen, die du noch genauer anschauen darfst. Hast du deine Einstellung geändert, benötigst du dieses Problem nicht länger.

Es kommt immer das auf uns zu, was wir brauchen. Wie wir das werten oder ob wir es einfach neutral betrachten, bleibt uns überlassen.

Doch wenn mir bewusst ist, dass ich eine unangenehme Sache solange wiederholt erfahren werde, bis ich zu dieser entscheidenden Erkenntnis komme und meine Sicht radikal verändere, freue ich mich, selbstbestimmt zu sein. Denn dann habe ich erkannt, dass nichts einfach nur Pech oder Glück ist oder durch Zufall geschieht. Damit habe ich alle Macht selbst in der Hand. Ich kann durch zunehmende Erkenntnis über mich selbst meinen Erfolgsweg selbst pflastern und bin von äußeren Umständen nicht mehr abhängig.

Sieh deine Umwelt, deine Lebensumstände ab heute als Spiegel für dein inneres Konstrukt in deinem Kopf, dein System.

Schaue nicht länger weg. Das kostet dich nur unnötig wertvolle Lebenszeit.

Das Leben ist doch ein Wunschkonzert

Ganz nach dem Motto von Pippi Langstrumpf: „Ich mach‘ mir die Welt, wie sie mir gefällt!“

Wenn du die Macht deiner Gedanken, Worte und Handlungen erkannt hast, leuchtet es ein, dass es viele Möglichkeiten gibt, dein Leben zu gestalten, zu verändern, zu verbessern, zu optimieren. Es sei denn, du glaubst immer noch fest daran, dass deine Lebensumstände unveränderlich seien. Aber warum liest du dann dieses Buch?

In dem Moment, in dem du diese Zeilen liest, scheint irgendwo die Sonne, woanders regnet es, irgendwo ist es gerade Nacht und woanders Tag, es weht der Wind, es fällt ein Apfel vom Baum, jemand lacht oder weint, jemand wird geboren, jemand wird beerdigt, jemand erfährt den schönsten oder den schrecklichsten Moment seines Lebens, jemand fällt hin und jemand steht auf.

Genauso ist es mit den Möglichkeiten. In jedem Moment hast du selbst die Möglichkeit, ein und dieselbe Sache so oder so zu sehen. Du hast die Wahl, so oder so zu entscheiden. Gehst du hin oder bleibst du hier? Rufst du jemanden an oder schaust du fern? Treibst du Sport oder isst du bei deinem Lieblingsitaliener? Bist du jemandem böse oder hast du Verständnis? Liest du ein Buch zu Ende oder wirfst du es in die Ecke?

Wenn ich zurückblicke, hätte ich niemals gedacht, wohin mich all meine Entscheidungen führen werden. Oft habe ich rote Linien überschritten, verrückte Entscheidungen getroffen. Über diese bin ich noch dankbarer als über all die anderen. Es waren meistens die Entscheidungen gegen meinen Verstand, die mich näher zu mir selbst geführt haben. Entscheidungen, die mein Verstand niemals getroffen hätte, sind die, die mir die meiste Lebensfreude, die tiefsten Erkenntnisse, den größten inneren Frieden beschert haben.

Immer, wenn dein Verstand rebelliert und sagt: „Halt, das geht doch nicht! Nein, das kann ich nicht machen! Oh, das ist verrückt, leichtsinnig, unvernünftig!“, immer dann bist du auf einem richtigen, guten und interessanten Weg!

Doch mache nicht mich für deine Entscheidungen verantwortlich, weil ich empfehle, sich gegen den Verstand zu entscheiden. Du allein hast die Aufgabe, in deinem Leben selbstverantwortlich zu entscheiden. Denn darum geht es letztlich – um Selbstverantwortung. Es bringt uns nicht weiter, zu sagen: „Ja, wenn der nicht gesagt hätte, dann hätte ich anders entschieden. Die ist schuld, dass ich ....“

Nein, so funktioniert das Leben nicht. Menschen, die keine Selbstverantwortung für sich und ihre Entscheidungen übernehmen können, kommen nur bis zu einem gewissen Punkt und nicht weiter. Oder sie kommen gar nicht voran und drehen sich einfach im Kreis.

Nur selbstverantwortliche Menschen kommen zu dem Erfolg, den sie sich wünschen.

„Sei du selbst die Veränderung, die du dir für die Welt wünschst", hat Gandhi einst gesagt. Lass nicht zu, dass deine Lebensgeschichte von Widrigkeiten bestimmt ist.

Nimm eine neue Haltung an, innerlich wie äußerlich! Richte dich auf und nimm eine Haltung der respektvollen Gleichgültigkeit an. Ganz im Sinne von „Alles kann, nichts muss". Nichts ist jetzt wichtiger als das, was ich für wichtig erachte!

Erfolg ist dein Bewusstseinszustand

Hast du bisher auch diesen Glaubenssatz über Erfolg in dir getragen, der da lautet: „Wenn ich langfristig erfolgreich sein will, muss ich produktiv sein, reinklotzen und noch einmal reinklotzen!" Vielleicht erkennst du ab heute, dass Erfolg tatsächlich subjektiv ist und viel weniger mit Mühsal, Zeitmangel, Energieverlust und Kampf zu tun hat, als du bisher geglaubt hast!

„Wenn du Erfolg willst, beginne damit, über dich selbst als Erfolg zu denken."
(Joyce Brothers)

Wie denkst du gerade in diesem Augenblick über dich selbst? Hast du ein gutes Bild von dir selbst? Fühlst du dich bereits erfolgreich? Oder machst du deinen Erfolg immer noch von äußeren Kriterien und von anderen Menschen abhängig?

Was wäre, wenn du ab jetzt deine Ziele von dir selbst abhängig machst und den Weg dorthin so gehst, wie er zu dir passt? Es gibt viele erfolgreiche und es gibt aber auch viele nicht erfolgreiche Menschen. Wenn du näher hinschaust, wirst du erkennen, dass es nicht allein deine Talente oder deine Produktideen waren, die für deinen Erfolg maßgeblich sind. Es gibt Leute, die machen aus Sch.... Gold!

Es ist faszinierend! Wie werden solche Leute erfolgreich? Ganz einfach! Sie glauben an sich und ihre Sache. Sie werden zur richtigen Zeit aktiv, ohne am Ende ihres Projekts völlig ausgebrannt zu sein. Sie passen sich nicht an, sie vertreten ihre eigene Marke. Ihre spezielle Note sozusagen, ihr Alleinstellungsmerkmal. Es gibt bereits tausende Bücher zu jedem Thema und doch sollte dich das niemals davon abhalten, dein Buch darüber zu schreiben, wenn es dir unter den Nägeln brennt. Es wird Menschen geben, die genau dein Buch lesen und lieben werden, eben weil es von dir geschrieben ist. Weil es auf deine Art und Weise geschrieben ist und dadurch bei den Menschen besser ankommt als das Buch eines anderen.

Willst du lieber mit Achtsamkeit, Gelassenheit und Freude Erfolge erleben oder den Arbeitsalltag als gestresster Workaholic mit bedenklich hohem Kaffeekonsum bestreiten?

Lege einen Perspektivwechsel ein und halte dich für etwas Besseres

Schaffst du es, all deine vermeintlichen Fehler und Unzulänglichkeiten auszublenden und dich nicht mit den „besseren, erfolgreicheren und klügeren" Leuten zu vergleichen?

Für manche ist das beinahe so unvorstellbar wie die Entscheidung, den Abend einmal nicht vor dem Fernseher zu verbringen.

Niemand sagt, dass es leicht ist, schlechte Gewohnheiten zu ersetzen und aufzugeben. Doch es ist möglich, sich hier und jetzt in diesem Moment bewusst zu machen, was du alles gut kannst, was du in deinem Leben bereits geschafft hast, in welchen Bereichen du im Vergleich zu anderen talentierter bist, wo du deine Vorteile hast.

Ich sehe zum Beispiel mich im Vorteil, weil ich schreiben aber auch Pausen einlegen kann, wann ich möchte. Wenn ich will auf meinem Lieblingssofa oder an einem wunderschönen und ruhigen Ort mitten in der Natur.

Ja, das menschliche Gehirn hat einen Hang zu vergleichen und leider fokussiert es sich bei diesen Vergleichen allzu gerne auf die eigenen Fehler und Unzulänglichkeiten. Unser inneres Auge verfällt in den Vergleichsmodus und erzählt uns, worin andere Menschen besser sind oder dass diese mehr haben als wir. Die Folgen sind Neid, Versagensängste und all das, was uns den ganzen Tag und jeden Erfolg vermiest.

Uns fällt in solchen Momenten gar nicht ein, dass wir den Spieß einfach umdrehen könnten. Machen wir uns doch einmal bewusst, was wir besser können als andere, wovon wir mehr haben als andere, wo wir bereits erfolgreicher oder disziplinierter, begabter oder fortgeschrittener sind als andere. In der Psychologie nennt man diesen Denkmechanismus „Abwärtsvergleichen". Das können wir nutzen, um uns auf raschem Weg Wohlbefinden zu bescheren.

Solltest du dich erneut in einer solchen negativen Gedankenspirale befinden, die dir erklärt, dass andere erfolgreicher sind als du, dann führe dir vor Augen, dass es neben all den Bessergestellten auch sehr viele Menschen gibt, die weniger erfolgreich sind als du!

Glaubst du, Glück und Erfolg sind Zufall oder vielmehr ein Ergebnis innerer Arbeit? Ich bin der Überzeugung, dass Erfüllung und Zufriedenheit jederzeit gelernt werden können. Inzwischen gibt es sogar die Möglichkeit, genau das zu studieren. Die Deutsche Gesellschaft für Positive Psychologie hat hier wahre Pionierarbeit geleistet und den Masterstudiengang „Positive Psychologie und Coaching" ins Leben gerufen.

Persönliche Entwicklung kann also ab jetzt auch aus wissenschaftlicher Perspektive beleuchtet werden. Wenn du dich dafür interessiert, informiere dich im Internet.

Und jetzt ist eine gute Gelegenheit, eine Pause einzulegen und in dich hinein zu spüren. Wie fühlst du dich? Wie fühlt sich dein Körper gerade an? Welche Gedanken wuseln durch deinen Kopf?

Schreibe sie auf oder lass sie verstummen. Gönne dir Zeit für dein persönliches Wachstum. Es hat mit Stille, Achtsamkeit, Selbstliebe und mit Fühlen zu tun. Und es hat auch mit Flexibilität und Loslassen zu tun. Mit allem, was uns ein komisches Gefühl vermittelt, weil wir genau diese Gefühle nicht mit Erfolg verknüpfen können. Doch das ist die bestmöglich investierte Zeit, die du dir vorstellen kannst, um zu Glück und Erfolg zu gelangen. Lass bloß keinen Stress aufkommen! Stress blockiert dich. Klares Denken und bewusstes Fühlen geschehen nur im Zustand der Entspannung. In der Ruhe liegt die Kraft!

Erweitere deinen Horizont

An deinen Gedanken erkennst du dich selbst

Es ist wirklich einfach zu erkennen, ob du arm oder reich denkst, ob du dich als Opfer oder als Schöpfer fühlst, wie du auf dein Leben blickst. Egal, ob es dir bewusst ist oder nicht. Mit welchen Gedanken gehst du durch dein Leben? Ich könnte es dir verraten, wenn wir jetzt miteinander plaudern würden. Ich könnte schnell feststellen, wo es bei dir hakt und warum. Ich nenne dir einige Beispiele, an denen du erkennen kannst, in welche Richtung du dich gedanklich bewegst.

Ist das Leben für dich eher ein Kampf, den du nicht verlieren, oder vielmehr ein Spiel, das du gewinnen willst? Birgt das Leben unendlich viele Möglichkeiten für dich oder siehst du nur Hindernisse auf deinem Weg? Bist du ein Schöpfer, der in Lösungen denkt und weiß, dass er sein Leben selbst gestalten kann und dass sich alles ändern lässt? Oder denkst du, deine Situation ist nicht optimal, aber es lässt sich nun mal nicht ändern? Wie sieht dein Umfeld aus? Sind deine Freunde wohlhabende und erfolgreiche Menschen oder hast du mit Reichen eher weniger zu tun, weil sie dir nicht geheuer sind?

Findest du wohlhabende Menschen befremdlich? Denkst du schlecht über Reiche, weil sie in deinen Augen egoistisch oder unmoralisch handeln oder sind sie Vorbilder für dich, weil du weißt, was sie leisten und dass sie Großartiges tun? Hast du große Träume und Ziele oder denkst du kleingeistig aus Angst vor Enttäuschung? Besteht dein Bestreben aus Wünschen oder aus Engagement? Bist du selbstverantwortlich und bestrebt, dir etwas aufzubauen oder wartest du auf schöne Zufälle von außen? Entdeckst du Möglichkeiten oder stößt du dauernd an Grenzen? Ich sage dir, die Grenzen sind nur in deinem Kopf. Und das ist der Grund, warum die einen erfolgreich sind und andere nicht.

Deine Gedanken entscheiden darüber, ob du reich oder arm bist. Deine finanzielle Freiheit hängt davon ab. Ich wünsche dir, dass es dir gelingt, „reich zu denken", denn dann steht dir der Weg zu Erfolg und Fülle offen. Erkenne die Qualität deiner Gedanken und optimiere sie jeden Tag. Leider wachsen wir oft mit Gedanken und Ideen auf, die uns unbewusst sabotieren. Die meisten von uns werden nicht reich geboren. Darum ist es unsere wichtigste Aufgabe, unsere Gedanken, unsere Glaubenssätze zu verändern, zu verbessern, zu optimieren, um so ein reiches und erfülltes Leben zu erhalten. Denn wahrer Wohlstand ist dein Geburtsrecht!

Reich denken will gelernt sein

Dir ist gar nicht bewusst, welche Glaubenssätze dein Handeln am meisten beeinflussen. Hast du dich schon einmal wirklich ausgiebig damit beschäftigt, das herauszufinden? Nachdem ich erkannt hatte, dass mein Erfolg nur aufgrund weniger prägender Glaubenssätze ausblieb, machte ich es mir zur Lebensaufgabe, mir meine Gedanken so bewusst wie nur irgend möglich zu machen. Tag für Tag durchleuchte ich meine Gedankenlandschaft ausgiebig. Ein Glaubenssatz, der mein Leben lange geprägt hatte, war: „Ich bin nicht gut genug und deshalb werde ich nie da sein, wo die wirklich Erfolgreichen sind. Die anderen sind einfach besser, mutiger, intelligenter, selbstbewusster und nicht so wie ich es bin." Es hat eine Weile gedauert, bis ich diesen Satz ein für alle Mal aus meinem Kopf verbannen konnte.

Und ich möchte so vielen Menschen wie möglich helfen, ihren Weg zu Wohlstand und finanzieller Freiheit aufzubauen. Was ich kann, das kannst nämlich du auch. Aber dein Gehirn braucht klare Ziele, auf die es hinarbeiten kann, um dein Leben in Richtung dieser Ziele zu bewegen. Wir sagen zwar, dass wir reich werden wollen, aber wirklich konkret werden wir dabei nicht. Wie definierst du Reichtum? Welche deiner Gedanken sabotieren Reichtum? Ändere sabotierende Glaubenssätze um in förderliche. Wenn du bemerkst, dass du schlecht über reiche Menschen denkst, sage dir ab jetzt: „Reiche Menschen tun viel Gutes und sind mein Vorbild." Dann visualisiere für dich, wie dein Leben in Reichtum aussehen soll. Was willst du besitzen, wo willst du leben, was willst du tun? Wie viel Geld willst du verdienen? Wie viel Geld brauchst du, um dir das Leben, das du dir wünschst, zu ermöglichen? Diese Zahl ist sehr wichtig, merke sie dir für deine Zukunft. Gestalte nun deine Vorstellung in konkreten Bildern. Zeichne oder suche dir diese Bilder, drucke sie aus, hänge sie auf oder deponiere sie so, dass du sie täglich siehst und an deine Vision erinnert wirst. Denn sonst verschwinden sie wieder, so wie die Träume, die wir in der Nacht geträumt haben. Sie verblassen und verschwinden, wenn wir sie nicht täglich wieder zum Leben erwecken. Das, was wir mit unserer Aufmerksamkeit nähren, das halten wir auch lebendig und das machen wir größer.

Die Basis, auf der du optimalerweise deinen weiteren Lebensweg erfolgreich gehst, ist die Erkenntnis, dass Herausforderungen auf unserem Weg normal und notwendig sind. Die einen nennen es Hindernisse, die anderen Probleme, wiederum andere Pech oder Unglück.

Menschen jedoch, die lernen und wachsen, sehen das, was ihnen begegnet, als notwendige Herausforderung und Lernaufgabe, um weiter zu wachsen, um Meister ihres Lebens zu werden. Ohne Herausforderungen gibt es auch kein Wachstum.

Wenn dein Ziel, deine Vision so groß ist, dass jedes Hindernis dagegen winzig erscheint, dann hast du alles richtig gemacht!

Geld ist nicht alles

Ich weiß, wie schwer es ist, sich eine bessere Zukunft so vorzustellen, dass Geld im Grunde nur ein nettes Nebenprodukt ist. Vor allem, wenn man bisher Mangel erlebt hat.

Doch dein erstes Ziel im Leben sollte das Streben nach einem glücklichen und erfüllten Leben sein. Warum sollte dein Ziel die finanzielle Freiheit sein? Was steht hinter diesem Ziel? Wenn du deine innigsten Träume, dein persönliche Erfüllung, das, was dich wirklich bereichert, nicht kennst, bringt dich jeder noch so große finanzielle Reichtum nicht weiter. Beschäftige dich mit den Themen Glück und Erfüllung. Und erkenne, wozu dir die finanzielle Freiheit letztlich verhelfen soll. Hast du eine Vorstellung davon, was finanzielle Freiheit wirklich für dich bedeutet? Eine typische Einstellung der Mittelschicht, zu der ich auch gehörte, ist: Finanzielle Freiheit ist, viel Geld zu verdienen und irgendwann gut von meiner Rente leben zu können. Ein Reicher denkt anders. Er weiß, dass er erst dann finanziell frei ist, wenn er von der Rendite seines Geldes leben kann. Hast du schon einmal darüber nachgedacht?

Wie kann ein Durchschnittsbürger finanziell frei werden? Im Grunde ist es leicht, die Grundprinzipien für Wohlstand zu erlernen. Es ist in erster Linie ein Weg, den du aktiv wählen musst. Es braucht deine bewusste Entscheidung, diesen Weg zu gehen.

Die meisten Menschen schaffen es im Laufe ihres Arbeitslebens nicht, Wohlstand und finanzielle Freiheit aufzubauen, weil ihnen die bewusste Entscheidung dafür fehlt.

Welche Motivation hast du, erfolgreich und reich zu werden? Wie tief bist du davon überzeugt, wie bewusst kannst du diese Entscheidung für dich treffen? Die Entscheidung für dieses Ziel ist schon der halbe Weg. Es ist wichtig, dass du nicht alles auf Geld aufbaust, denn Geld verändert ständig seinen Wert. Was wirklich wertvoll ist, das ist dein Wissen! Deine stärkste Währung ist also deine Investition in dich selbst, in deine persönliche Entwicklung. Ist dir die Arbeit an dir selbst wichtig? Macht dir Lernen Spaß? Das sollte so sein. Warum? Weil du durch dein Wissen deinen Wert bestimmen kannst. Du verdienst, was du wert bist. Investiere Zeit in deinen Marktwert. Sammle wertvolle Erfahrungen und bilde dich weiter. Erfolgreich sein bedeutet beständiges Lernen und beständiges Wachstum. Und es bedeutet, sich so unabhängig wie möglich von der Meinung anderer zu machen. Für mich ist es immer wieder aufs Neue herausfordernd, aber auch bereichernd, stets das Beste zu geben. Das erfahre ich Tag für Tag und das möchte ich nicht anders haben.

Es ist ein häufiger Irrglaube, dass Geld allein glücklich macht. Du kennst sicher auch Geschichten von Menschen, die plötzlich viel Geld gewinnen und dann erkennen müssen, dass sie damit nicht glücklich sind. Einige wollen ihr altes Leben wieder zurück, andere wiederum verlieren ihr Geld so schnell wieder, dass sie in ihr altes Leben zurückgeworfen werden. Mit Geld ist es sicherlich einfacher, glücklich zu leben. Doch wirklicher Wohlstand und Erfüllung hängen nicht von einem hohen Einkommen ab.

Viele erkennen nicht, dass mehr Geld zu besitzen auch bedeutet, mehr Verantwortung zu haben. Geld verdirbt übrigens nicht deinen Charakter, es bringt deinen wahren Charakter zum Vorschein. Mit Geld umgehen will gelernt sein.

Und wer nicht reich denkt, kann nicht reich bleiben! Das Wichtigste für dein dauerhaft erfolgreiches Leben ist das, was du selbst in dein Leben bringst, deine Persönlichkeit, dein Wissen, deine Weisheit. Investiere also zuerst in deine Persönlichkeit. Lerne, wie du selbstverantwortlich denkst und handelst.

Ich persönlich glaube an die Naturgesetze, die ich in diesem Buch erläutere. Hier kannst du dieses wertvolle Wissen vertiefen. Ich glaube fest daran, dass demjenigen, der sich an diese Gesetze hält, das Geld automatisch auf ganz natürliche Weise folgt. Ohne, dass man es erzwingen muss.

Investiere in dich, indem du verinnerlichst, dass du alleine für dein Leben verantwortlich bist und dementsprechend handeln darfst. Steigere deinen Selbstwert ständig, damit du an dich glaubst und dich trauen kannst, deine Visionen zu erreichen. Finde unbedingt heraus, was deine Passion ist, was du liebst. Das sollte im Vordergrund stehen, denn für alles andere ist dein Leben zu kurz. Alles andere wird dich irgendwann scheitern lassen, weil dir die Energie ausgeht. Es braucht deine „Freudenkraft“. Ich vermeide bewusst das Wort „Leidenschaft“, denn es soll dir ja kein Leid bringen. Wenn du dann überlegst, wie du mit deiner „Freudenkraft“ gut Geld verdienen und dich gut positionieren kannst, brauchst du nur noch stetig Verbesserungen an dir und deiner Methodik vorzunehmen, um deine Qualität zu verbessern und attraktiv für den Markt zu bleiben. All dies führt zu wahrem Glück und einem hohen Einkommen. Das kann ich dir versichern.

Deine Gewohnheiten bestimmen deine Zukunft

Denkst du, sobald du ein bestimmtes Zertifikat hast oder eine Fortbildung gemeistert hast, wirst du erfolgreich werden? Blicke doch einmal zurück auf die Erfolge, die du bereits in deinem Leben hattest. Kannst du mir erklären, wie du das erreicht hast?

Wenn ja, dann beglückwünsche ich dich dazu! Denn dann war dir bewusst, was du wolltest und du hast deine Gewohnheiten nach und nach darauf abgestimmt. Erfolg hängt nicht von Zertifikaten ab, sondern nur von dir.

Vielen ist nicht bewusst, warum sie ihre Erfolge erreicht haben. Und den meisten von uns macht es Stress, sich Ziele zu setzen. Es setzt uns unter Druck, baut Spannung auf.

Das liegt oft daran, dass wir uns nur einseitig Ziele setzen. Und ein neu gesetztes Ziel passt oft nicht wirklich in unser bisheriges Leben. Wir haben ein neues Ziel, wollen eine andere Zukunft, aber wir leben nach wie vor dieselben Gewohnheiten. Wenn uns jedoch klar ist, welche Lebensbereiche mit diesem Ziel zusammenhängen und wenn wir alle Bereiche bewusst an diesem Weg teilhaben lassen, dann kann alles in die gleiche Richtung strömen, in die Richtung, in der du in deiner Zukunft sein willst.

Viele wissen nicht, woran sie glauben, und sie wissen auch nicht, wie sie da hingekommen sind, wo sie jetzt stehen. Wenn du nicht weißt, wie du von A nach B gekommen bist, kannst du auch kein erfolgreiches Business aufbauen. Du musst wissen, welche Schritte dich in den Erfolg geführt haben, um darauf aufbauen zu können. Ebenso musst du wissen, welche Umstände den Erfolg blockiert oder dich zurückgeworfen haben.

Glaube nicht an Gott – glaube an dich selbst

Ist dir bewusst, dass alles Wünschen und Hoffen uns niemals weiter bringt? Das ist, als betest du zu einer Macht außerhalb von dir selbst. Du gibst deine eigene Schöpfermacht ab und hoffst und wartest dann, dass etwas zu deinen Gunsten geschieht. Ob du gläubig bist oder nicht: Das Beste, das du für dich tun kannst, ist an dich selbst zu glauben. Du bist ein Teil dieser unglaublichen Schöpferkraft, die alles geschaffen hat. Du bist ein Teil davon. Du bist ein göttlicher Funke. Gott ist in dir. Du bist Gott.

Erkenne das an und verneige dich vor dir selbst. Kannst du das? Ich gehe davon aus, dass unsere Welt heute ganz anders aussehen würde, wenn jeder seinen göttlichen Wert erkennen würde. Schließe doch einmal kurz deine Augen und stelle dir vor, jeder Mensch, einschließlich dir selbst, würde liebevoll und achtsam mit sich umgehen, in dem tiefen Bewusstsein darüber, dass er der Welt einen Mehrwert bringt, einfach dadurch, dass er da ist, wo er jetzt ist!

Ich glaube fest, dass es dann keinen Platz mehr für Täuschung und Machtmissbrauch gäbe, für Unterdrückung und Täter-Opfer-Konstellationen. All das würden wegfallen!

Dein Verstand glaubt dir alles

Was tust du deinem Körper an, wenn du sagst: „Ich bin ein Idiot!"? Alles was du denkst und was du sagst wird zu einer Aufforderung an deinen Verstand, die dieser verwirklichen muss. Wenn du denkst: „Ich erinnere mich an nichts", dann wird es so sein. Deine unachtsamen Gedankenmuster werden dir nicht weiter helfen. Dein Verstand glaubt, was du ihm sagst.

Bewege dich ab heute nicht mehr in Richtung Angst oder Misserfolg, sondern gehe vielmehr davon aus, dass alles gut gehen wird. Falls du dich dabei ertappst, wie du wieder zu dir selbst sagst, du seist schusselig und vergesslich, kehre deine Gedanken um und sage dir: „Ich werde mich daran erinnern. Ich habe ein super Gedächtnis." Erwarte von nun an nichts Schlechtes mehr, erwarte vielmehr die erstaunlichsten Dinge! Kehre deine negativen Gedanken um:

„Ich bin nutzlos!" in „Ich bin spektakulär und wertvoll!", „Ich habe Angst!" in „Ich bin mutig!"

Angst oder Begeisterung liegen eng beieinander. Denke zum Beispiel an eine Achterbahnfahrt. Du schreist vor Angst oder vor Begeisterung. Mal ist es ein bisschen mehr Angst, mal ist es mehr ein Gefühl von Begeisterung und Aufregung.

Gehe ab jetzt besonders achtsam mit deinen Gedanken um. Sag bloß nicht: „Ich würde alles dafür geben, um nicht zu diesem Meeting gehen zu müssen!" Was glaubst du, wird dir dein Verstand nun geben? Da brauchst du dich nicht darüber zu wundern, wenn du eine Magenverstimmung bekommst oder mit einem grippalen Infekt ausfällst.

Es erscheint so unspektakulär, so banal, dass ich schon befürchte, dich zu langweilen, doch es ist so wichtig wie der tägliche Gang auf die Toilette. Wenn das nicht geht, hast du ein Problem.

Ist es nicht oft so, dass dir dein Körper aufzeigt, was in dir los ist? Wenn du ständig negative Gedanken über dich selbst oder andere hast, wird dein Leben dadurch besser? Nein, das wird es nicht. Du kreierst dir damit sogar das Gegenteil von dem, was du leben und erleben möchtest.

Für ein großartiges Leben braucht es großartige Gedanken über dich und dein Leben. Für mehr Freude und Erfolg in deinem Leben braucht es eben genau diese Freude in dir.

Leider braucht es oft einen Weckruf, wenn wir unser Leben vernachlässigen oder wenn wir nicht auf unseren Körper hören. Ganz egal, ob wir einen Unfall, eine Krankheit oder irgendeine Notsituation erleben, wir werden dadurch gezwungen umzudenken, unser Leben zu hinterfragen, in uns hineinzuspüren.

Bleiben wir achtsam und hören auf unsere inneren Impulse und die unseres Körpers, können wir diese Art von unangenehmen Weckrufen vermeiden. Denkst du, dass du in deiner Tätigkeit als Selbstständiger/Selbstständige keine Zeit für Achtsamkeit hast? Du brauchst deinen Kopf für wichtigere Dinge? Wenn du dich selbst vergisst, wie kannst du dein Unternehmen gesund halten? Löse dich von diesem veralteten Denken.

Deine Gewohnheiten bestimmen dein Leben

Ich fordere dich auf, tief in dich hineinzuschauen, damit du erkennst, welche Vision du in dir trägst. Kannst du ganz detailliert beschreiben, was du leben willst? Hast du bewusst Entscheidungen getroffen für ein erfolgreiches Leben? Und passen deine Gewohnheiten genau dazu? Hast du dir einmal die Zeit genommen und dich gefragt, wie genau du leben willst und zwar nicht nur beruflich, auch in allen anderen Lebensbereichen? Was genau willst du? Es lohnt sich, dir deinen eigenen Lebensfilm zu kreieren, anstatt dich vor den Fernseher zu setzen. Klare Visionen haben einen weiteren Vorteil: Sie schützen dich vor Ablenkungen, die dich nicht weiterbringen!

Hinterfrage deine Gewohnheiten und stelle fest, welche dir förderlich sind, und ersetze die weniger guten Schritt für Schritt durch Gewohnheiten, die dir gut tun.

Überlege dir, welche Zeit des Tages für dich die beste ist, um kreativ zu sein und welche Zeit geeignet ist, um Sport zu treiben oder aufzuräumen. Jeder hat seinen eigenen Rhythmus. Wie viel Schlaf benötigst du idealerweise? Hilft es dir, auch am Tag ein kleines Nickerchen zu machen, um besser durch den Tag zu kommen? Wie viel Zeit verbringst du in der Natur? Wie oft übst du dich bewusst in Dankbarkeit? Welche abendlichen Rituale können dir besseren Schlaf ermöglichen? Wie sehr pflegst du gute Beziehungen zu anderen? Wie ausgeglichen sind deine Freundschaften? Welche lieben Menschen hast du um dich herum? Wie startest du in den Tag?

Meditierst du oder übst du dich auf andere Art in Achtsamkeit? Deine Gedanken und Gewohnheiten bestimmen maßgeblich dein Leben. Deine Zukunftsvorstellungen sind wie ein Leuchtturm in der Ferne und deine Gewohnheiten bringen dich dort hin, wenn du Klarheit über deine Vision hast.

Wenn du es nicht tust, dann tun es andere für dich

Du träumst von finanzieller Sicherheit oder denkst: „Wenn ich dieses und jenes hätte, dann wäre ich glücklich." Es sind die kleinen alltäglichen Handlungen, die dein Leben mehr beeinflussen, als ein einmaliges Erfolgserlebnis oder eine Ausbildung, die du absolviert hast. Es sind deine Visionen über dein Leben, deine Gedanken, deine innere Haltung, die dein Leben lebenswert machen oder nicht. Du bist aufgefordert, dir deine Lebensvision für dich selbst zu erschaffen. Das bedeutet Selbstverantwortung zu leben. Wenn du es nicht tust, dann tun es andere für dich. So einfach ist es. Steh auf und übernimm die Kontrolle über dein Leben.

Überdenke dein gesamtes Leben und lasse nichts aus. Dein Leben gehört dir. Alle Antworten befinden sich in dir, sie wollen von dir entdeckt werden. Das Geheimnis kann dir kein Guru verraten, es kommt aus dir selbst. Du kannst zum inneren Autor deines besten Lebens werden. Deine bewussten Gedanken über deine Lebensbereiche werden dein Leben für immer verändern. Jeder kann ein außergewöhnliches Leben haben, wenn er daran glaubt.

Es braucht detaillierte Visionen, neue Überzeugungen und die passenden Strategien, die zu deinen neuen Gewohnheiten werden.

Vergib dir, allem und jedem

Vergeben ist für viele ein schwieriges Thema oder sogar ein rotes Tuch. In beruflicher Hinsicht bist du nicht nur gefordert, deinen Mitarbeitern zu vergeben, wenn sie einen Fehler gemacht haben. Du bist gefordert, auch dir selbst zu vergeben und all den Menschen, mit denen du jemals in deinem Leben zu tun hattest.

Warum ist das so wichtig für dein Business?

Weil Kränkungen und Verletzungen, die wir jahrzehntelang mit uns herumtragen, uns extrem viel Kraft kosten, uns das Leben schwer machen und im schlimmsten Fall sogar lähmen und uns schaden können. Kennst du Menschen, die ständig voller Groll oder Trauer sind und so durchs Leben gehen? Sie befinden sich scheinbar immer in demselben Film und können keine Freude mehr empfinden.

Alles, was in uns noch Trauer, Wut, Groll oder Hass weckt, bindet unsere Lebensenergie und schafft stets neues Leid in allen möglichen Situationen. Wenn du vergeben kannst und sich diese tief sitzenden Blockaden in dir auflösen, hast du neuen Platz für neue Kraft, neue Möglichkeiten und Sichtweisen. Damit machst du innerlich einen enormen Schritt nach vorne. Du wirst merken, wie anders und entspannt du mit deinen Mitmenschen umgehen kannst und wie positiv sich das auf dein gesamtes Leben und dein Business auswirkt.

Vergebung darf man nicht falsch verstehen. Viele denken, sie müssten es dann gut heißen, was ihnen jemand angetan hat. Doch Vergebung bedeutet, einfach im Frieden zu sein, mit der Vergangenheit und in der Lage zu sein, demjenigen alles Gute zu wünschen.

Vergeben macht für uns selbst Sinn, weil es unsere Emotionen sind, die uns und unserem Körper schaden. Nicht verarbeitete Enttäuschungen richten sich in erster Linie gegen uns selbst. Wenn wir das verstanden haben, erkennen wir die Wichtigkeit von Vergebung. Wer nicht vergibt, der leidet. Bist du auf jemanden wütend, ist die Wut in deinem Körper und lähmt dich. Dieser Jemand weiß nicht einmal, dass du gerade oder immer noch wütend auf ihn oder sie bist.

Der wichtigste Akt der Vergebung ist es, dir selbst zu vergeben. Wie oft hast du dich über dich selbst geärgert, dich geschämt, dich selbst verachtet, dich verraten, dich beschimpft? Das ist oft der schwierigste Teil. Alles, was du bisher getan oder nicht getan hast, hat dich hierher gebracht und zu der Person gemacht, die du heute bist. Schau dich an! Du kannst doch stolz auf dich sein, oder nicht? Vergib dir alles, es wird dich ungemein bereichern und befreien.

Blockiere dich nicht länger selbst. Jede Tat, die du vergibst, macht dein Leben besser und lässt blockierte Energien wieder frei fließen. Damit hilfst du dir selbst am meisten, aber alles, was du für dich tust, tust du auch für die Welt. Wünsche jedem Menschen das Beste. Das ist gesünder als jedes Superfood und es wirkt langfristig!

Ein paar No-Gos für dein Mindset

Tu das bloß nicht!

Manche Menschen sind einfach so resistent, dass ein Therapeut oder Coach nur noch mit paradoxen Interventionen weiter kommt. Sag einem Ehepaar, welches zur Eheberatung kommt, sie dürfen nun vier Wochen lang ausnahmslos keinen Sex haben. Was glaubst du, wird tatsächlich passieren? Es ist paradox und funktioniert fast immer. Unsere Aufmerksamkeit scheint sofort erheblich gesteigert, sobald uns jemand etwas sagt, das wir als völlig absurd oder falsch erachten oder wenn uns jemand etwas vorschreibt oder sogar verbietet.

Ich unterstelle dir nicht, resistent gegen gute Tipps zu sein, denn sonst hättest du dieses Buch nicht in deinen Händen. Nutze einfach die gesteigerte Aufmerksamkeit, die dir beim Lesen der folgenden paradoxen Appelle zukommt.

Sei realistisch – Folge der Angst

Die Angst ist dein engster Kumpel, ja fast näher als dein engster Partner. Sie ist immer da, bei jeder Entscheidung, die du treffen willst, ist sie da. Gut getarnt, sodass du sie nicht einmal bemerkst. Du magst dich als Realist oder Perfektionist sehen und willst eine Entscheidung so optimal treffen, dass du am Ende keinen Fehler gemacht hast. Der wichtigste Faktor bei einer Entscheidung ist in diesem Fall tatsächlich die Motivation, einen Fehler zu vermeiden. Dahinter steckt die Angst.

Wir wählen aus Angst genau die Dinge aus, die wir gut kennen. Darum haben Newcomer es oft zunächst schwer. Zum Beispiel das neu eröffnete Restaurant oder die neue Bäckerei um die Ecke. Die Leute gehen lieber dorthin, wo sie wissen, was sie bekommen.

Neues auszuprobieren ist ein Risiko. Da wird sofort verglichen und alles skeptisch unter die Lupe genommen. Es ist ein Risiko, denn es könnte etwas falsch laufen. Es könnte ein Fehler sein, sich für etwas Neues zu entscheiden.

Wir brauchen Zuversicht. Wir lieben das Gefühl von Sicherheit. Wenn dir jemand überzeugend und wirklich glaubwürdig vermittelt, dass du die besten Schuhe der Welt kaufst, auch wenn sie sehr teuer sind, dann ist die Wahrscheinlichkeit hoch, dass du dich darauf einlässt und sie tatsächlich kaufst. Und jedes Mal, wenn du diese Schuhe trägst, denkst du, dass du die besten Schuhe der Welt trägst. Selbst wenn sich nach einiger Zeit die Sohle löst, fragst du dich zuerst, ob du vielleicht falsch mit diesen Schuhen umgegangen bist. Möglicherweise bist du zu langsam oder zu schnell damit gelaufen oder du hast sie nicht richtig gepflegt. Also lässt du sie reparieren und trägst sie weiter, denn es sind nun einmal die besten Schuhe der Welt.

Was hat dieser Verkäufer oder Schuhladenbesitzer richtig gemacht? Er hat dir Kompetenz vermittelt. Er hat dir das Gefühl gegeben, mit dem Schuhkauf eine richtig gute Entscheidung zu treffen. Er hat dir sein Produkt richtig schmackhaft gemacht.

Wusstest du, dass Kompetenz weniger Erfolg hat, wenn du diese nicht glaubwürdig nach außen trägst?

Wenn dein Mitbewerber deutlich selbstbewusster agiert und engagiert seine Kompetenz zeigt, wird er garantiert erfolgreicher sein als du, selbst wenn du deutlich mehr Talent und Know-how besitzt.

Erkennst du an dieser Stelle, wie wichtig es ist, sich gut um sich selbst zu kümmern? Und zwar so lange, bis man sich selbst so liebt, wie man auch von anderen geliebt und wertgeschätzt werden will.

Der Angst zu folgen bedeutet im Grunde, sich selbst nichts zuzutrauen, nicht versagen und keine Fehler machen zu wollen. Aber wie wichtig es ist, Erfahrungen zu machen, um erfolgreich zu sein, das weißt du bereits.

Jeder Mensch, der weiß, wer er ist, was er kann und was er will, kann unmöglich auf der Strecke bleiben. Keine Angst kann ihn von seinem Vorhaben abhalten, weil da keine Angst mehr ist. Die Begeisterung ist größer, die Neugier, das innere Wissen, dass das, was du auf die Beine stellst, gut ist. Was wir dennoch häufig als Angst bezeichnen, ist vielmehr Aufgeregtheit und Ungewissheit, weil es noch nicht vollbracht ist.

Sollte deine Angst so groß sein, dass du fast ohnmächtig wirst oder deine Stimme völlig versagt, kannst du dich ehrlich fragen, ob du dir nicht vielleicht zu viel vorgenommen hast. Es bringt nichts, wenn du keine Nacht durchschlafen kannst und dir jeder ansieht, dass du vollkommen neben dir stehst. Nimm dir die Dinge vor, die du bewältigen kannst, und übe dich geduldig darin, dir Stück für Stück mehr zuzutrauen.

Denke nicht zu groß

Wie oft haben wir das schon von den Erfolgreichen gehört, die uns vorbildlich präsentieren, worum es geht: „Träume groß!"

Auch ich habe das lange nicht verstanden. Mittlerweile hat sich in mir der Glaubenssatz: „Wer nicht wagt, der nicht gewinnt" etabliert und auch die Motivation: „Überschreite immer wieder einmal eine rote Linie."

Doch richtig groß zu träumen habe ich erst gelernt, nachdem ich begriffen hatte, dass es gleichgültig ist, wie ich zu meinem Ziel komme. Wenn wir uns immer nur an realistische, von unserem Verstand klar nachvollziehbare Ziele halten, bei denen wir uns auch vorstellen können, dass wir sie erreichen, dann kommen wir nie so weit, wie wir uns das in Wirklichkeit ganz tief in unserem Inneren erträumen.

Vielleicht haben wir sogar Angst davor, groß zu träumen. Angst vor dem großen Erfolg!

Interessanterweise habe ich außerdem bemerkt, dass es unwichtig ist, wie ich ein Ziel formuliere. Heute ergänze ich jedes Ziel mit „... oder besser!" Versuche das doch einmal mit deinem eigenen Ziel:

„... oder besser!“ Bevor ich diese Ergänzung verwendet habe, hatte ich eine Blockade im Kopf. Mich blockierte der Gedanke, dass ein Ziel, wenn ich es dann erreicht habe, vielleicht gar nicht mehr stimmig für mich ist und ich dann erkennen muss, dass ich mir das Falsche gewünscht habe.

Diese Angst habe ich dadurch verloren, dass ich rückblickend erkenne, dass es oft einfach nur einen ersten großen Schritt in eine Richtung braucht. Tut man diesen öffnen sich selbstständig neue Türen, die mich in ganz neue, ungeahnte Richtungen führen.

Der erste Schritt ist, Klarheit darüber zu haben, in welche Richtung du gehen willst.

Wenn deine Ziele klar sind, dann beginnt die Magie. Es öffnen sich Türen wie von Geisterhand, es entstehen neue Kontakte, neue Möglichkeiten, neue Wege. Man kann es kaum glauben.

Nimm dir unbedingt die Zeit, deine Ziele, deine Visionen aufzuschreiben – auch die Größten, Unmöglichsten und besonders Verrückten.

Dein Verstand muss wissen, was gut für dich ist

Nein! Dein Verstand weiß definitiv nicht, was gut für dich ist. Er braucht ein klares Ziel. Wir sind die Auftraggeber, dürfen uns klar positionieren und uns zuweilen auch durchsetzen, wenn es nicht so läuft, wie wir es „aufgetragen“ haben.

Viele von uns sind keine guten Auftraggeber und müssen es erst lernen. Sie sind sich nicht im Klaren darüber, was sie wollen und werden dementsprechend schlecht wahrgenommen, ja einfach überhört. Nicht nur vom eigenen Verstand, sondern auch von anderen Menschen. Sie hoffen, dass irgendwann etwas anders wird, ohne selbst aktiv etwas zu verändern. Sie glauben an Zufälle oder an Glück, an hilfsbereite Menschen oder an eine gerechte Belohnung für das, was man getan hat.

Diese Rechnung geht niemals auf, weil ein Hoffen auf etwas Besseres zu unbestimmt und nicht greifbar ist – weder für unseren Verstand noch für die universellen Gesetze. Dein Verstand braucht echtes, gutes Futter, so wie eine Firma einen guten Chef braucht, der gut sortiert ist und klare Ansagen macht.

Niemand geht in einen Laden und sagt zur Verkäuferin: „Ich hoffe, dass Sie mir etwas in die Tüte packen, dass mir Freude bereiten wird." Sie wird entweder innerlich ihre Augen verdrehen und sich fragen, was mit dir nicht stimmt oder sie wird dich – wenn sie freundlich ist – durch den Laden geleiten, dir die Auswahl an Möglichkeiten zeigen und dich irgendwann fragen: „Was wollen Sie denn genau?" Erst dann kann sie dir die passenden Stücke zeigen, die du freudig mit nach Hause nehmen kannst.

Bist du dir bewusst, welches Leben du führen willst? Ist deine Wunschliste diffus, schwammig, undurchsichtig, hinter einer Nebeldecke verborgen? Oder kannst du klar definieren, was du in deinem Leben gerne hättest?

Es braucht deinen Fokus auf das, was du haben willst und warum du es haben willst. Und diese Klarheit, dieses Bewusstheit darüber, benötigst du, um einerseits rückblickend erkennen und andererseits vorwärtsgerichtet bewusst planen zu können.

Wenn du das Was und das Warum für dich definiert hast, dann hast du die wichtigsten Entscheidungen in deinem Geist getroffen. Nun wird das Wie ins Rollen gebracht.

Wenn wir unserem Verstand eine klare Richtung, Inspiration und Orientierung geben, weiß er, woran er sich zu halten hat.

Durch die Klarheit darüber, was du in deinem Leben haben möchtest, hast du sozusagen den Auftrag an dein System, an deinen Verstand, deinen Körper und deinen Geist gegeben. Der Rest manifestiert sich dann im Außen.

Deine Visionen werden mit der Zeit durch Synchronizität, Intuition, passende Gelegenheiten und einer Art inneren Führung zur Realität. Es ist wirklich wahr.

Schreibe oder visualisiere deine Ziele unbedingt sichtbar auf Papier, nimm ein leeres Buch zur Hand und fülle es mit Worten, Beschreibungen, Bildern, allem, was dir dazu einfällt. Du erschaffst eine wunderbare Blaupause deines Lebens. Diese Idee ist nicht neu. Achte dabei bloß darauf, nicht das aufzuschreiben, was du nicht haben willst. Das weißt du bereits. Viel wichtiger ist es zu wissen, was du stattdessen willst. Und das am besten so konkret, wie du es irgendmöglich beschreiben und am besten sogar noch fühlen, riechen und schmecken kannst.

Es ist jammerschade, dass sich so viele Menschen selbst klein halten, weil sie nur solche Visionen entwickeln, die wahrscheinlich auch passieren können. Realistisch zu bleiben bringt dich nicht weiter.

Jeder Mensch trägt die Fähigkeiten in sich, sich seine Ziele, sein gewünschtes Leben, auszumalen.

Erweitere deine Visionen vom Leben und verschaffe dir mehr Klarheit darüber, welches „Meisterwerk Leben" du für dich schaffen willst – es sei denn, du willst in langweiliger Mittelmäßigkeit leben.

Jetzt brauchst du nur noch Geduld mit dir und deinen Visionen. Es kann eine Weile dauern, bis sich deine Manifestationen tatsächlich zeigen. Alles braucht seine Zeit. Du wirst im Laufe der Zeit auch erkennen, dass sich manche Wünsche verändern, dass einige irgendwann gar nicht mehr wichtig sind und dass an deren Stelle andere – für dich wichtigere – Ziele treten. Dir sollte einfach klar werden, was du grundsätzlich willst. Viele Menschen wissen das nicht. Halte dich an die Richtung, in die du gehen willst. Träume das Unmögliche und das Leben wird dich nicht übersehen. Auf dieses Wissen haben bereits alte Philosophen und Schamanen gesetzt.

Plane ständig und weit voraus

Nein, tu das bitte nicht. Wenn du dir im Klaren darüber bist, was du jetzt und heute willst und du deine großartigen Visionen visualisiert hast, atme durch und bleibe in der Gegenwart. Die Gegenwart ist der kraftvollste Moment und genau in diesem Moment kreierst du deine Zukunft bereits.

Wer verstanden hat, wie wichtig es ist, im Hier und Jetzt voll präsent, voll bewusst zu sein, der verpasst auch nichts mehr. Du kannst immer nur im Jetzt etwas Neues kreieren. In der Gegenwart, in diesem Moment kannst du neue Entscheidungen treffen, neue Einsichten haben, passende Gelegenheiten entdecken, Synchronizität erleben. Es geht darum, eine Grundrichtung zu kennen. Das genaue Ziel am Ende kennst du noch nicht. Du formulierst zwar jetzt bereits dein Ziel, doch wie genau es sich in deiner Zukunft manifestieren wird, davon kannst du dich regelrecht überraschen lassen.

Ich nenne dir ein einfaches Beispiel. Du siehst deine Zukunft als YogalehrerIn in Sri Lanka lebend. Auf dem Weg zu diesem Ziel läuft jedoch nicht alles so, wie du es in deinem Kopf geplant hast. Du findest zwar eine Unterkunft, jedoch keinen passenden Job. Stattdessen lernst du in Sri Lanka jemanden kennen, der in Kürze nach Bali fliegt, um dort einen Kurs zu besuchen. Dieser Jemand erzählt dir so eindrucksvoll von Bali, dass es dich sofort fesselt und du es gerne besuchen möchtest. Im nächsten Flugzeug sind kurzfristig noch freie Plätze zu günstigen Preisen zu vergeben. Du fliegst also mit nach Bali und lernst dort wiederum Leute kennen, die jemanden kennen, der genau dich als YogalehrerIn herbeigesehnt hat. Die Anstellung übersteigt deine kühnsten Träume und zudem findest du in Bali die Liebe deines Lebens.

Diese sehr vereinfachte Geschichte mag nun etwas an den Haaren herbeigezogen klingen. Doch es geht mir darum, zu verdeutlichen, dass das Leben nach eigenen Gesetzmäßigkeiten läuft. Vieles läuft über Ecken oder in ungeahnte Richtungen, die jedoch die für dich perfekten Umstände mit sich bringen. Plötzlich ist für das Erreichen deines Ziels alles stimmig und sogar für noch viel mehr. Dabei geht es nicht immer um den angenehmsten und leichtesten Weg. Es braucht auch manchmal unangenehme und herausfordernde Umstände, um die Erfahrungen zu machen, die wir auf dem Weg zum Ziel noch benötigen.

Wenn du bewusst bleibst, präsent in deiner Gegenwart, dann kannst du all diese Zeichen, die wichtigen Wegweiser, bemerken oder vielleicht besser gesagt „fühlen". Deine Intuition lässt dich diese oft spontanen und „ver-rückten" Entscheidungen treffen, die dich dann genau dorthin bringen, wo du sein sollst. Zur richtigen Zeit am richtigen Ort!

Wenn du dich dauernd in Geschichten aus deiner Vergangenheit oder Sorgen um deine Zukunft verstrickst oder nur mehr damit beschäftigt bist, deine Zukunft in deinem Kopf immer weiter und weiter zu planen, verpasst du genau jetzt die wichtigsten Gelegenheiten, weil du sie nicht wahrnehmen kannst.

Also lasse immer wieder los und mach dich leer. Lerne wieder zu fühlen, zu sein. Je aufgeräumter du in deinem Inneren bist, umso besser kannst du Entscheidungen für deine Zukunft treffen.

Finde deinen Weg im Dschungel der weisen Ratschläge und Glaubensmuster

Was stimmt denn nun und was nicht?

Wir leben in einer gefährlichen Welt. Es ist beinahe ein Wunder, dass wir nicht alle irgendwann durchdrehen bei all dem Irrsinn und den Widersprüchen, die uns umgeben. Der eine sagt so, dort wiederum heißt es genau das Gegenteil. Was stimmt und was nicht? Noch dazu scheint es zu jedem Standpunkt Erfahrungswerte zu geben, die uns beweisen sollen, dass es nur so richtig ist und keinesfalls anders.

Dabei wird eines völlig vergessen. Von welchem Standpunkt aus wir auf die Dinge schauen. Linear betrachtet, kann ich mich bei einer Weggabelung für links oder rechts, vorwärts oder rückwärts entscheiden.

Wenn ich jedoch von einem Berg aus auf die Landschaft unter mir blicke, dann kann ich den Ort sehen, zu dem ich gelangen möchte, und erkennen, dass es viele Wege gibt, um dorthin zu gelangen.

Du kannst jeden Standpunkt, jede Aussage, so oder so interpretieren. Darum gibt es hier kein richtig oder falsch. Es gibt unterschiedliche Sichtweisen und du bist gefragt, für dich selbst die beste Interpretation zu finden. Genauer gesagt eine, die dich weiter bringt.

Wie würdest du zum Beispiel folgenden Standpunkt als Wegweiser für dich und dein Business nutzen: „Bleib immer bei der Wahrheit." Würdest du dieser Empfehlung in jedem Fall folgen oder würde das dir in wenigen Fällen sogar schaden? Solche Aussagen darf und soll jeder für sich selbst interpretieren.

Wenn es um mein Leben geht, ist die Wahrheit für mich der wichtigste Kompass. Aber welche Wahrheit lebe ich? Was halte ich selbst für wahr und was nicht? Es geht in meinem Leben schlichtweg um meine Wahrheit und nicht die Wahrheit eines anderen. Wie sehr Wahrnehmungen dabei auseinanderdriften können, erleben wir gerade in der jetzigen Zeit. Konträrere Standpunkte als in unserer derzeitigen Gesellschaft kann es kaum geben.

Wir haben viele der Wahrheiten unserer Eltern und Mitmenschen im Laufe unseres Lebens zu den unseren gemacht, unhinterfragt und nicht wirklich verinnerlicht. Wir folgen gewissen Regeln und wundern uns, warum wir nicht weiter kommen und es uns schlecht geht.

Und viele dieser Glaubenssätze sind zumindest zweideutig interpretierbar. Es geht also nicht primär darum, einer Regel strikt zu folgen, sondern diese für sich richtig zu interpretieren oder den richtigen Blick von „oben" darauf zu werfen. Am besten fühlen wir, was stimmig für uns ist, wenn unsere Wahrnehmung wieder auf

Kurs ist.

Wenn ich mir den Satz „Nutze deinen Verstand“ anschaue, dann erkenne ich heute für mich, dass damit ein klarer Kopf gemeint ist. Ich könnte es aber auch so verstehen, dass ich besser realistisch und auf dem Boden der Tatsachen bleiben sollte oder dass es gefährlich wäre, seinem inneren Gefühl zu folgen oder für den Verstand irrsinnige Entscheidungen zu treffen. Das wäre aber ein No-Go für mein Leben und meinen Erfolg.

Wir Menschen haben jedoch auch die Herzintelligenz oder Bauchintelligenz. Diese ist enorm wichtig, um gute Entscheidungen treffen zu können und vor allem, um im Leben weiter zu kommen.

Warum behaupte ich das? Weil der Ego-Verstand wie eine Art Ablagefläche oder Speicherplattform gesehen werden kann, in dem jedoch lediglich die Vergangenheit abgespeichert ist. Benutzt man nur seinen Ego-Verstand, folgt man weiterhin den darin eingebrannten Glaubensmustern.

Nutzt man den Verstand jedoch in Verbindung mit der eigenen inneren Weisheit, einer Instanz, die zu wahrem Wachstum und Erfolg führt, und trifft so seine Entscheidungen, nutzt man seinen Verstand weise.

Es braucht jedoch eine Weile, bis der Ego-Verstand solch weisen Entscheidungen zustimmen kann.

Da ist Überzeugungsarbeit angesagt. Du hast sicher schon einmal versucht, einen Kritiker zu überzeugen? Dann weißt du genau, was ich meine. Ich behaupte, dein größter Kritiker ist dein Ego-Verstand. Denn was er nicht kennt, das geht nicht. Dazu kommt die Angst, weil die Gefahr des Unbekannten droht.

Wenn wir das verstanden haben, leuchtet uns auch ein, dass jeder völlig neue Gedanke, jede neue Entscheidung auch mit Unsicherheit und Angst verbunden sein muss.

Der Verstand darf geduldig erzogen und an die Hand genommen werden. Doch er bleibt unser Leben lang ein ängstliches Kind. Immer wenn etwas Neues auf ihn zukommt, etwas das er nicht kennt, rebelliert er und versucht uns mit Argumenten zu überzeugen, wieder auf die altbekannten Pfade zurückzukehren. Nur wird er mit der anhaltenden Dauer unseres Erfolges leiser, ja manchmal auch regelrecht kleinlaut und vorsichtig. Wenn dem so ist: super! Denn dann hast du bereits gute Arbeit geleistet!

Ein Mensch, der sich selbst bereits gut kennt und im Frieden mit sich ist, der hat seinen Verstand zum Diener seiner inneren Weisheit gemacht. Er verteufelt seinen Verstand nicht, er nutzt ihn als Werkzeug, wie der Elektriker seinen Schraubendreher.

Wir leben in einer Welt voller Widersprüche

Möglicherweise ist das Beispiel mit „Bleib immer bei der Wahrheit" etwas kompliziert. Doch in den meisten Fällen kannst du bei näherer Betrachtung sehr schnell erkennen, dass alles unterschiedlich interpretierbar ist.

Wenn dir also ein Business Coach rät: „Gehen Sie klug mit Ihrem Geld um", dann hast du die Wahl, zu entscheiden, was für dich „klug" ist.

Vielleicht lässt du dich von jemanden überreden, der dir rät, dich schon jetzt so zu verhalten und zu fühlen, als ob du ein Millionär wärst. Du triffst also die Entscheidung, dass es „klug" sei, großzügig dein Geld auszugeben und dich in den besten Sternerestaurants bedienen zu lassen. Das alles mit der Absicht, in das Gefühl eines finanziell reichen Menschen zu kommen. Doch plötzlich ist das Geld aufgebraucht und du fällst wieder in deine alten Muster zurück und fragst dich, ob das wirklich eine gute Entscheidung war.

Klug mit Geld umzugehen, kann für dich aber auch bedeuten, alles schön beisammen zu halten, sparsam zu sein oder gar geizig zu werden. Immer in dem Glauben, dass es so am „klügsten" sei.

„Gehen Sie klug mit Ihrem Geld um" kann für einen erfolgreichen Geschäftsmann bedeuten, weniger Geld auszugeben, als er verdient. Und das Geld, das er verdient, investiert er in sich selbst, indem er es entweder spart oder es für sein Business und seine Persönlichkeitsbildung einsetzt, in dem Wissen, dass er damit seinen Wohlstand weiter mehrt.

Klug mit Geld umzugehen, kann auch bedeuten, dass ich es weitergebe, damit es im Fluss bleibt, in dem Wissen, dass Geld auch Energie ist und fließen will. In dem Bewusstsein darüber, dass es ein Resonanzgesetz gibt, das mir sagt: „Was ich von Herzen gebe, kommt mehrfach zu mir zurück“ kann ich davon ausgehen, dass das, was ich hergebe, egal ob Geld oder andere Werte, an anderer Stelle wieder zu mir zurückkommt.

Aber auch hier lauert die Gefahr, das falsch zu interpretieren. Es macht einen Unterschied, ob ich aus dem Ego-Verstand heraus gebe, in der Erwartungshaltung, es möge bald mehrfach zu mir zurückkommen oder ob ich von Herzen gebe, ohne etwas dafür zu erwarten.

Jeder von uns wächst mit der einen oder anderen fragwürdigen Regel auf und lässt sich von diesen Regeln durchs Leben leiten. Dabei bemerken wir nicht, wie sehr sie unser Leben limitieren können.

Gibt es Stützpfeiler, die uns weiter bringen?

Wenn du dir die Mühe machst, all deine aufgenommenen Glaubenssätze und Regeln, die man dir eingeimpft hat, aufzuschreiben und anzuschauen, dann gelangst du zu der Feststellung, dass die meisten dieser Hinweise nichts mit gesunder Entfaltung zu tun haben.

Im Gegenteil, es sind meistens Sätze, die uns klein halten. Worte wie: „Das Streben nach Macht ist gefährlich“, „Sei immer höflich“, „Gib keine Widerworte“, „Sei nicht so selbstverliebt“ oder „Man kann im Leben nicht alles haben.“ Die Liste derartiger Glaubenssätze lässt sich unendlich fortsetzen und genau das zu hinterfragen und zu durchbrechen bringt uns letztlich wirklich weiter im Leben, gleichgültig in welchem Lebensbereich.

Doch du willst in diesem Buch erfahren, was du konkret tun kannst, um erfolgreich auf den Wellen des Business zu reiten, gesunde Beziehungen zu pflegen und eine strahlende, in dir ruhende Persönlichkeit zu werden.

Fangen wir mit den universellen Gesetzen an, die uns, unser Leben und unser gesamtes Universum durchdringen. Erfolgreiche Menschen haben genau diese Gesetze für sich erkannt und verinnerlicht. Sie sind durch sie zu Gewinnern oder besser zu „Lebenskünstlern" gereift. Wie die besten Surfer die schönsten Wellen erkennen und mit ihnen spielen können, erkennen die Gewinner die universellen Gesetze und spielen mit ihnen.

Im positiven Sinne erfolgreich zu sein, hat mit Erkenntnis und innerem Wachstum zu tun. Es reicht nicht, eine bestimmte Technik zu erlernen. Du kannst dein dünnes Haar mit chemischen Mitteln bearbeiten und wachst doch jeden Morgen mit derselben schwachen Haarstruktur auf, nur um sie wieder aufs Neue zu behandeln.

Oder du beginnst, deine Ernährung umzustellen, gesunde Nahrungsergänzungen zu dir zu nehmen und „gesünder" zu denken, um dein Haar von innen heraus zu stärken und es weniger mit Chemie zu belasten. So kommst du langfristig eher zu gesundem Haar und sparst zudem viel Zeit, die du ansonsten vor dem Spiegel verbringen würdest.

Lass uns die Nase vom Spiegelbild wegnehmen und von „oben" auf die Dinge schauen!

Kapitel 2 – Next Level

Echter Erfolg basiert auf den universellen Gesetzen

Die sieben Gesetze des Universums

Wird es jetzt spirituell?

Du fragst dich, was universelle Gesetze mit irdischem Business zu tun haben und ob du vielleicht doch das falsche Buch in Händen hältst, weil du mit Spiritualität nicht viel anfangen kannst oder willst?

Ich kann dich gut verstehen, denn genau diese Frage habe ich mir ebenfalls gestellt, als ich zum ersten Mal von diesen Gesetzen hörte.

Ein lieber Kollege schenkte mir einmal das Buch „The Secret“ von Rhonda Byrne. Das Buch muss man gelesen haben, es wurde schließlich millionenfach verkauft. Doch mich hat es nicht ganz überzeugt.

Es geht darin vor allem um das Gesetz der Anziehung und um die These, dass unsere Gedanken, unsere Ausstrahlung, starke Auswirkung auf unsere Umwelt haben. Je nach Bewusstseinsgrad können hier leicht Missverständnisse entstehen.

Nicht jeder Gedanke zeigt sich im Außen als Manifestation und du brauchest nicht zu verzweifeln, wenn du doch alles richtig gemacht hast und der Erfolg trotzdem ausbleibt.

Es gibt eben noch weitere Dinge, die von dir beachtet werden wollen und die häufig übersehen werden.

Erfolg ist ein Zusammenspiel aller Gesetze, die existieren und uns beeinflussen. Es reicht ja auch nicht, deinen Körper einzuseifen, wenn das Wasser zum Abduschen fehlt. So kannst du nicht sauber werden. Darum geht es im Folgenden.

Doch vorab verrate ich dir etwas, das dir Freude macht. Nachdem du diese Gesetzmäßigkeiten wirklich mit Kopf und Herz oder Kopf und Bauch verstanden hast, wird dein Leben leichter und einfacher werden. Du wirst erkennen, dass du für deinen Erfolg weniger Ehrgeiz und Mühe benötigst, als du bisher glaubtest.

Es kommt eben darauf an, woran du deinen Erfolg festmachst. Was bedeutet für dich langfristig gesehen Erfolg?

Lege doch jetzt einmal eine kurze Pause ein und stell dir die Frage: Wo und wer will ich in drei oder fünf Jahren sein? Stell dir all deine Wünsche genau vor und vergiss dabei nicht, wie du dich in dieser Zukunft fühlen willst. Welchen Menschen willst du in wenigen Jahren im Spiegel sehen?

Die sieben universellen Gesetze

Wir haben es hier mit den Naturgesetzen des Lebens zu tun, auf denen unsere gesamte Existenz beruht. Diese Prinzipien beschreiben die geistigen Gesetzmäßigkeiten unseres Universums.

Wenn physikalische Naturgesetze unsere Materie beschreiben, erklären die hermetischen Gesetze unser Bewusstsein, also das Nichtphysische oder Feinstoffliche.

Diese Gesetzmäßigkeiten, nach denen unser Universum funktioniert, gelten auch für dich und mich. Dagegen können wir gar nichts tun.

Wir können sie aber für oder gegen uns arbeiten lassen. Sie sind ein Geschenk, wenn wir verstehen, wie sie funktionieren. Je bewusster wir uns dieser Gesetzmäßigkeiten werden, desto besser können wir unser Leben so gestalten, wie wir es uns wünschen.

Ohne diese universellen Gesetze würde diese Welt im Chaos versinken, denn sie sorgen für die Ordnung in unserem Universum. Es gibt physikalische Gesetze, wie beispielsweise die Erdanziehung. Und es gibt kosmische Gesetze, die uns mental und emotional beeinflussen. Deshalb ist es wichtig, sich ihrer bewusst zu sein, sie zu kennen und mit ihnen gemeinsam das Leben erfolgreich zu meistern.

Es geht also um Feinstofflichkeit, um Energie, um Frequenz. Wenn du an dieser Stelle zurückweichst, frage ich dich: Wie beschreibst du Angst oder Vertrauen? Kannst du sie sehen? Nein, weil sie nicht physisch sind, so wie all unsere Emotionen, die Freude, die Liebe, ja sogar jeder Gedanke, den wir haben. Du hast es in jedem Moment deines Lebens mit unsichtbaren Energien oder Frequenzen zu tun. Selbst dein Körper ist letztlich Frequenz, denn alle Materie ist in Schwingung. Das hat uns schon Einstein gelehrt.

Im Folgenden wird ersichtlich, warum diese universellen Gesetzmäßigkeiten und das Wissen darüber für unser Leben so hilfreich sind.

Die hermetischen Gesetze zu kennen und sie auch anzuwenden, ermöglicht es dir, ein selbstbestimmtes Leben im Einklang mit deinen eigenen Vorstellungen und Wünschen zu erschaffen. Das Erkennen der Zusammenhänge macht dir das Leben nicht nur verständlicher und einfacher, du wirst auch in der Lage sein, deine eigenen schöpferischen Fähigkeiten für die Manifestation deiner Ziele zu nutzen.

Dieses uralte Wissen wurde lange Zeit geheim gehalten und nur wenigen Auserwählten zugänglich gemacht.

Alles ist Energie, unser Körper, unser Sofa, unser Handy. Alles in diesem Universum besteht aus Energie. Die universellen Gesetze existieren immer und überall, ganz unabhängig davon, was wir tun.

Wir können sie ignorieren oder sie nutzen.

Wie kannst du die sieben Gesetze für dein Business nutzen?

Grundsätzlich macht es für dich, für mich, für jeden Menschen, Sinn, sein Leben über die universellen Prinzipien besser verstehen und damit auch besser führen zu können. Der eigene innere Frieden und der äußere Erfolg hängen davon ab. Das gilt für alle Bereiche deines Lebens. Vor allem in der oft einseitigen, weil männlich dominierten Berufswelt ist es wünschenswert, diese Gesetzmäßigkeiten zu integrieren. Denn alles, was keinen Ausgleich erfährt, muss zwangsläufig irgendwann kippen.

Du darfst ab jetzt damit beginnen, achtsamer mit deinen Gedanken umzugehen. Über dieses Thema haben wir bereits gesprochen. Nun beleuchten wir es aus einer weiteren Perspektive.

Jeder deiner Gedanken ist Energie. Welche Energien willst du in deinem Leben haben?

Mach dir ab heute bewusst, dass du wie ein Radio bist. Du kannst nur auf der Frequenz empfangen, auf die du gerade eingestellt bist oder die du selbst gerade aussendest. Auf welcher Frequenz läufst du in diesem Moment?

Denk daran, dass die im folgenden erklärten sieben Gesetze alle miteinander verbunden sind. Wenn du mit einem dieser Gesetze nicht im Einklang bist, dann bist du es auch mit den restlichen nicht.

Erkenne ab heute, dass du zu keiner Zeit ein Opfer äußerer Umstände warst, bist oder sein wirst. Sobald du die Achtsamkeit für dein Inneres und die Gesetzmäßigkeiten verinnerlicht hast, wirst du das verstehen. Falls du es nicht bereits schon weißt.

Du hast dein Leben selbst in der Hand. Das musst du bewusst erkennen und für deine Manifestationskraft nutzen.

Da du und ich ein Teil des Universums sind, haben du und ich Einfluss auf das Leben. Deshalb ist es sinnvoll, sich mit diesem Basiswissen zu beschäftigen, die Gesetze für uns zu nutzen und die Erfolge zu leben, die wir uns so sehr wünschen.

Ich finde es erbauend zu wissen, dass ich mein Schiff selbst steuern kann. Es braucht nur ein wenig Übung, um durch die Wellen des Lebens zu steuern und sie nicht länger als unüberwindbare Gefahr zu sehen. Ein Jammer, dass wir das nicht bereits in der Schulzeit lernen, wie die Prozentrechnung oder die vier Fälle in der deutschen Grammatik.

Die universellen Prinzipien bestimmen alles, was ist

1. Das Geistige formt die Materie – dir geschieht nach deinem Glauben

Das Universum und das Weltall sind reiner Geist, also geistiger und somit mentaler Natur. Somit ist alles Materielle vom Geist erschaffen. Damit steht der Geist oder das Geistige über der Materie.

Das bedeutet, dass alle Erscheinungsformen, die du in deinem Umfeld wahrnimmst, geistigen Ursprungs sind. Beispielsweise sind deine Möbel erst durch einen Gedanken entstanden. Jemand hatte eine Idee, hat diese umgesetzt und du siehst nun das Resultat vor dir. Auch jedes Unternehmen entsprang einer Idee und deren Umsetzung. Dazu kommen unsere Gedanken und Glaubenssätze über die Welt, unser Körper, unsere Ängste und Ziele, die das Resultat letztlich formen.

Wenn du verinnerlicht hast, dass du allein durch Gedankenhygiene deinem Umfeld und deinem Erfolg eine neue Richtung geben kannst, wird es dir zur täglichen Pflicht, deine Gedanken zu beobachten, sie zu verändern und zu trainieren. Begib dich öfter in die Stille, um dich zu beobachten. Richte deine Aufmerksamkeit nicht alleine auf die offensichtlichen Gedanken, beachte auch die vielen beinahe unbemerkten Nebengedanken samt den dazugehörigen Emotionen. Darauf gehe ich im weiteren Verlauf noch näher ein.

Dein Leben jetzt und hier ist das Resultat all deiner Gedanken und deines Glaubens, der die Basis all deiner Entscheidungen war.

Verstehst du, wie wichtig diese Erkenntnis ist? Vielen Menschen ist das nicht bewusst. Sie glauben an Pech, an Glück oder an den Zufall. Doch Zufall bedeutet, dass dir das zufällt, was fällig ist. Mit diesem Wissen bist du in der Lage, bewusst geistig zu wirken und somit dein Leben und deine Manifestationen zu verändern. Dieses Prinzip der Geistigkeit gehört zu den Grundsteinen der hermetischen Lehre. Nur mit ihm können wir zum Meister unseres Lebens werden. Begreife, dass deine und meine physische Realität, zu der auch unsere Gesundheit, unser körperliches und geistiges Befinden gehört, der Spiegel unseres inneren geistigen Zustandes ist. Wir sind also im physischen Leben stets dort, wo wir in unserem Geiste sind. Das Gesetz oder Prinzip des Geistes kann man auch das Gesetz von „Allem, was ist“ nennen.

Alles in diesem Universum ist Energie und Energie wird zu Materie. Wenn du durch deine Gedanken viel Energie auf etwas richtest, manifestiert es sich in irgendeiner Weise. Alles ist miteinander verbunden. Sich dessen bewusst zu sein, bedeutet reines Potential, aus dem ein Zustand endloser Kreativität und Möglichkeiten erwachsen kann.

Du bist bereits erfolgreich. Wenn du das glaubst und fühlst, hast du bereits das Wichtigste erreicht. Folgendes kennst du sicher aus deinem Leben. Du verfolgst ein Ziel mit der Gewissheit, dass es genau so kommen wird, wie du es dir denkst und weißt. Beispielsweise entwirfst du einen guten Vortrag, den du deinen Kollegen präsentieren willst. Du weißt bereits, dass er die anderen begeistern wird und kannst diese Begeisterung schon fühlen. In dieser inneren Vorfreude setzt du dein Vorhaben um.

Mit dieser inneren Basis hast du den Erfolg auf deiner Seite. Du fühlst die innere Gewissheit gepaart mit der Vorfreude auf die Situation. Das ist Manifestation. Würdest du stattdessen mit dir hadern, übermannt sein von Ängsten und mangelnden Glauben an dich selbst, und ständig fokussiert auf das, was schief gehen könnte, verbunden mit den negativen Emotionen, die diese Selbstzweifel in dir auslösen, dann wäre die Wahrscheinlichkeit, dass genau diese negative Prophezeiung so auch eintritt, fast schon gewiss.

Natürlich gibt es im Leben nicht nur diese beiden Extreme. Es geht nicht darum, so trainiert zu sein, dass diese innere Gewissheit im Vorfeld immer da ist und du weder Ängste noch Unsicherheit verspürst. Doch du wirst sicher anders mit deinen Gedanken und Emotionen umgehen, wenn du dir der Manifestationskraft deiner Aufmerksamkeit bewusst geworden bist.

Nun kommen wir zu den Grenzen in deinem Kopf. Was hältst du überhaupt für möglich? Was kannst du dir wirklich vorstellen? Die meisten scheitern daran, dass sie nicht wirklich an sich und ihre Ziele glauben. Wenn du aber etwas für möglich hältst, dann öffnest du eine Tür der Wahrscheinlichkeit und diese Möglichkeit kann in deinem Leben Realität werden. Hinterfrag deine Gedankenkonstrukte in Hinblick auf deine Begrenzungen. Ertappst du dich manchmal bei dem Gedanken: „Ach, der kriegt das hin, aber ich kann das nicht"? Versuche diesen Gedanken anzuzweifeln. Denke den Gedanken in eine andere Richtung um, strukturiere ihn neu. Das eröffnet dir die Chance, es zu schaffen.

Eliminiere ab heute alle Sätze, die ein „nie" oder „immer" enthalten. Denn diese stimmen faktisch fast „immer nie" ;-)

Wenn du denkst, du wirst wahrscheinlich niemals erfolgreich, dann geschieht genau das. Es sei denn, du glaubst – wenn auch unbewusst – doch daran und erlaubst dir so die Möglichkeit, erfolgreich zu werden.

Ich habe mich des öfteren dabei ertappt, dass ich mir nicht sicher war und vorrangig Gedanke hatte wie „Ich weiß nicht, ob ich es schaffe" oder sogar laut aussprach: „Nein, das schaffe ich einfach nicht!" und dann habe ich es doch geschafft. Unser Verstand ist tricky. Es sind die sehr tief sitzenden Glaubensmuster, die uns wirklich steuern.

Nun bist du gefordert, dich immer wieder zu fragen: „Glaube ich das wirklich? Stimmt das?" Stell dir diese Fragen immer wieder. Du wirst zu neuen Erkenntnissen über dich selbst kommen.

Worauf wir unsere Aufmerksamkeit legen, erhält unsere Energie und wird irgendwann zur Manifestation.

Wenn du davon überzeugt bist oder ständig behauptest, in deiner Selbstständigkeit zu versagen – vielleicht weil dein Vater dir das so vorgelebt hat – dann kannst du dich schon darauf einstellen, zu scheitern. Doch deine Zukunft ist nicht festgelegt. Du selbst erschaffst deine Zukunft in jedem Moment deines Lebens.

Du bist nicht gezwungen, das Leben deiner Vorfahren zu leben. Wenn du unbewusst bleibst, wiederholt sich vieles aus deiner Ahnenreihe. Doch du kannst diese Muster durchbrechen und dich in jedem Moment neu entscheiden.

Das Leben ist niemals gegen dich. Es bietet dir alle Möglichkeiten, aus denen du schöpfen kannst.

Deshalb ist eine Praxis der Achtsamkeit so unglaublich wichtig und auch erfolgreich in der heutigen Zeit. In der Haltung der Achtsamkeit schaffst du zudem eine Umgebung, die deinem persönlichen Wohlbefinden förderlich ist.

Je bewusster du deine volle Aufmerksamkeit auf das legst, was du wirklich willst und auch auf das, was um dich herum und in dir geschieht, desto eher bist du in der Lage, bewusste Entscheidungen zu treffen und Störfaktoren wie ungewollte Automatismen zu demaskieren und sie durch förderliche Gewohnheiten und Denkweisen zu ersetzen.

Sei dir ab heute deiner Verantwortung für deine Gedanken und Worte bewusst.

Was erschaffst du durch das, was du gerade denkst oder sprichst? Sind deine Gedanken förderlich für dich und dein Leben?

Gedanken können Gutes schaffen aber auch zerstören!

2. Wie innen so außen – du hast immer recht

Wie oben so unten, im Großen existiert das Kleine und anders herum. Wie es in deinem Inneren aussieht, das zeigt sich im Außen. Das universelle Prinzip der Entsprechung zeigt uns, dass es immer eine Übereinstimmung zwischen Sein und Wirken gibt. Bist du in Harmonie mit dir selbst, dann erlebst du gleichermaßen eine harmonische Außenwelt. Du hast bestimmt auch schon das Gegenteil erlebt, wenn du schlecht gelaunt in den Tag startest. Jemand, der ständig wütend oder ängstlich ist, zieht genau die entsprechenden Situationen in sein Leben.

Wollen wir etwas im Außen verändern, ist es notwendig, uns selbst im Inneren zu verändern. Das ist ein ewiger Kreislauf. Die inneren Überzeugungen spiegeln sich im Außen wider und gleichzeitig verstärken diese Erfahrungen im Außen wiederum unsere Überzeugungen im Inneren. Daher stimmt die folgende Aussage: „Du hast immer recht!“

Wir können immer beweisen, dass unsere Überzeugungen stimmen. Ob es der Meister im negativen Denken ist oder der größte Lebenskünstler aller Zeiten, der genau das Gegenteil erlebt.

Du und ich sind ein kleiner Funke im Großen und Ganzen und dennoch tragen wir das Große und Ganze auch in uns und stehen wiederum in Resonanz mit dem, was wir in uns tragen.

Dieses Gesetz galt den alten Hermetikern als eines der hilfreichsten Mittel, wenn es darum ging, Hindernisse zu beseitigen und das Gute geradezu magnetisch ins Leben zu ziehen.

Während das erste Prinzip erklärt, dass alles, was sich im Außen manifestiert, zuerst im Geist entstanden ist, erklärt das zweite Prinzip, dass sich genau das im Außen zeigen wird, was im Inneren gedacht wurde.

Du hast erkannt, dass deine Gedanken machtvolle Manifestationswerkzeuge sind. Es macht Sinn, dich gut um dein Innenleben zu kümmern, es dir gut gehen zu lassen, aber auch immer wieder dein inneres Haus aufzuräumen.

Unnütze Gedanken, Ängste und andere hinderliche Emotionen müssen immer wieder unter die Lupe genommen werden, um sie Stück für Stück loszuwerden.

Eine depressive oder pessimistische Grundhaltung, Ängstlichkeit oder andere negative Gefühle sind oft breit ausgefahrene Autobahnen in unserem System. In der Regel entstehen sie bereits in der Kindheit. Da braucht es viel Geduld, Behutsamkeit und manchmal auch zusätzlich externe Hilfe, um diese wirklich dauerhaft einzustampfen und durch eine gesunde, positive Grundhaltung und förderliche Glaubensmuster zu ersetzen.

Sieh dich ab sofort als den wichtigsten Menschen in deinem Leben und behandle dich auch so. Denn dein Erfolg hängt davon ab, wie sehr du dich selbst wertschätzt und wie positiv du dir selbst begegnest. Du entscheidest über das Morgen durch das, was du heute denkst.

Das Leben ist im Grunde einfach: „Das Göttliche ist einfach – das Einfache ist göttlich.“

Doch wir verkomplizieren oft alles, indem wir vergleichen, etwas in Beziehung mit etwas anderem setzen und aus Mücken Elefanten machen. Dadurch werden Dinge groß – oder auch klein.

Dem Universum ist es egal, ob du zehn Millionen Euro manifestieren oder einfach nur ein gutes Essen auf dem Tisch haben willst.

Jeder von uns gibt den Dingen ihren Wert oder auch nicht. Höre auf, dich mit anderen zu vergleichen, die besser, erfolgreicher oder schneller sind als du. Solche wird es immer geben. Vergleiche nur, wenn dir der Vergleich etwas nützt.

Denke groß! Fühle dich groß! Träume groß! Die Fülle an Möglichkeiten ist da. Dem Universum ist es gleich, was ich will. Es urteilt nicht. Vielmehr sind wir diejenigen, die bewerten und beurteilen.

Was bist du dir wert? Wo ist deine Schmerzgrenze? Welche Geschenke könntest du annehmen, wenn sie jetzt da wären? Wie viel Erfolg kannst du überhaupt ertragen? Diese Fragen sind sehr wichtig. Nimm dir Zeit, über die Fragen nachzudenken, bevor du sie leichtfertig beantwortest.

Viele von uns haben große Probleme damit, etwas anzunehmen, sich etwas wert zu sein, sich etwas zu erlauben!

Gleiches erzeugt Gleiches und auf jede Aktion erfolgt die entsprechende Reaktion. Die Wirkung entspricht der Ursache in Qualität und Quantität. Wir betrügen, belügen und bestrafen uns selbst. Dieses Prinzip kann nur durch die Liebe zu uns selbst durchbrochen werden. Was bist du dir wert? Was denkst du von dir selbst?

Wir dürfen ohne Ausnahme bei all unserem Denken, Fühlen und Handeln die darauf folgende Wirkung im Außen bedenken und erkennen, dass wir allein für uns und unser Erleben verantwortlich sind. Was wir denken und fühlen, manifestiert sich in unserer Welt.

Bist du grundsätzlich zufrieden und gehst davon aus, dass du in Zukunft noch zufriedener sein wirst oder vermutest du in allem das Schlechte und bist davon überzeugt, dass Menschen dir gegenüber unfreundlich sind? Deine Überzeugungen bewirken, dass du genau das erfährst. Du bist förmlich darauf programmiert.

Du manifestierst das als Wahrheit in deiner eigenen Realität, wovon du überzeugt bist. Das erklärt auch die Wirksamkeit von Placebos, deren hilfreicher Nutzen eindeutig bewiesen ist.

Gewinner sind die Menschen, die aus ihrem Opferdasein heraus treten und die volle Verantwortung für sich und ihr Leben übernehmen. Sie machen Ihr Glück nicht länger von äußeren Umständen, von Menschen oder Zufällen abhängig, sondern haben erkannt, dass sie selbst das Steuer in der Hand haben für alles, was ihnen zufällt.

Diese Erkenntnis ist doch ein wahrer Grund zur Freude! Denn das kann mir die Angst vor Unglück oder Pech oder sonstigen negativen Ereignissen komplett nehmen, wenn doch klar ist, dass ich alles in meinem Leben ändern kann, aus mir selbst heraus.

3. Alles schwingt – jeder Moment ist neu

Alles ist in Bewegung, alles schwingt, nichts ruht. Das Leben ist ein stetiger Veränderungsprozess. Nichts ist beständiger als die Veränderung. Magst du Veränderung oder hältst du lieber an etwas Vertrautem fest?

Alles vibriert, hat eine Schwingung, eine Frequenz. Jeder Gedanke, jedes Wort. Unsere persönliche Schwingung, unsere Frequenz, bestimmt die Frequenz, auf der wir empfangen und senden. Sende ich eine negative oder niedrige Schwingung aus, kann ich keine höheren Ziele erreichen. Auf einer sehr hohen Schwingung bist du hingegen unempfänglich und unerreichbar für negative, niedrigfrequente Schwingungen.

Deine eigene Energie oder Schwingungsfrequenz ist entscheidend.

Die Wissenschaft bestätigt, dass die Unterschiede zwischen Geist, Energie, Gedanke und Materie hauptsächlich auf den messbaren, abweichenden Schwingungsfrequenzen beruhen. Selbst Atome und Elektronen sind schwingende Energie, also Bewusstsein.

Alles, was du gerade denkst, fühlst oder tust, hat eine ganz individuelle Schwingung, die sich letztlich auf dein gesamtes Leben, auf deine Gesundheit und alle Umstände, mit denen du zu tun hast, auswirkt.

Dabei leuchtet es ein, dass eine hohe Schwingungsfrequenz generell mit aufbauenden und lebensfreundlichen Prozessen in Verbindung steht.

„Gleiches zieht Gleiches an." Genau das, was wir uns für uns selbst wünschen, dürfen wir zuerst in uns selbst finden.

Will ich großzügige, freundliche, kompetente Menschen um mich herum haben, darf ich diese Eigenschaften zuerst in mir selbst finden und sie nach außen tragen.

Meine Schwingung stellt die Ursache dar, die sämtliche Wirkung nach sich zieht. Diese Wirkung, die mir in der Außenwelt begegnet, ist nichts anderes als die Spiegelung meiner Innenwelt. Ganz wie wir beim zweiten Prinzip gelernt haben.

An dieser Stelle gehört über unsere Ängste und das oft fehlende Urvertrauen gesprochen. Aus dem fehlenden Urvertrauen erwächst die Angst vor Veränderung. Ich kenne viele Menschen, die genau aus dieser Angst heraus bestrebt sind, ihren Status Quo zu erhalten. Sie schrecken vor jeder Gelegenheit zurück, die eine Veränderung oder zu viel Veränderung nach sich ziehen könnte. Angst vor Veränderung bedeutet oft Angst vor der Ungewissheit aufgrund mangelnden Urvertrauens.

Ein erfolgreiches Business setzt dieses Urvertrauen und das Vertrauen in sich selbst voraus und heißt Veränderung willkommen, weil sie Chance und Erfolg bedeutet.

Mir gefällt die Vorstellung, zu wissen, dass ich nicht im Außen beginnen muss, etwas zu verändern. Ich brauche lediglich meine Einstellung, meine Gewohnheiten, meine Gedanken zu ändern.

Ich schone damit nicht nur meinen Energiehaushalt und meine Gesundheit, auch das ständige Hoffen und Warten auf irgendetwas fällt weg. Ich kann hier und jetzt die Veränderung einleiten, die ich wünsche. Ich bin der Mensch, auf den es ankommt. Ich habe alles bei mir und brauche mich nur nach innen zu wenden. Mit jeder inneren Veränderung wird sich zwangsläufig auch im Außen etwas verändern.

Fange gleich an und höre nie wieder damit auf!

4. Alles hat einen Gegensatz – Erfolg oder Misserfolg ist Ansichtssache

Alles Existierende hat ein Gegenteil und die Gegensätze sind in ihrer Natur identisch. Alles ist und ist nicht und das gleichzeitig. Hell und dunkel, nass und trocken, groß und klein, Liebe und Angst, Begrenzung und Unendlichkeit, weiblich und männlich beschreiben nur die Gegenteile ein und derselben Sache. Auch arm und reich, Erfolg und Misserfolg befinden sich jeweils auf derselben Skala, weshalb es auch möglich ist, auf dieser Skala von der einen Seite auf die andere zu gelangen.

Es ist wieder eine Frage der Schwingung. Alles kann umgewandelt werden. Dabei ist es nicht nötig, von einem Extrem ins andere zu gehen. Nichts ist festgelegt, alles ist relativ. Unser eigenes Denken entscheidet darüber, wo wir etwas zuordnen. Folglich kann auch dieses hermetische Gesetz der eigenen Entwicklung dienen.

Wenn wir uns bewusst sind, dass es immer zwei Seiten einer Medaille gibt, dann gibt es zu allem scheinbar Schlechten genauso etwas Gutes.

Das Gesetz der Polarität wirkt überall. Alles hat zwei Seiten. Darum können wir davon ausgehen, dass es kein Problem gibt, für das die Lösung nicht schon vorhanden ist. Das ist doch genial! Allein das Bewusstsein darüber, dass es so ist, macht es schon leichter.

Wofür bist du in diesem Moment dankbar? Fallen dir nur wenige Dinge ein? Du kannst Fülle in dein Leben holen. Du kannst in diesem Moment arm oder reich sein. Es ist beides gleichzeitig da. Doch du fühlst gerade nur eines von beidem. Du fühlst dich entweder gesund oder krank, du fühlst Liebe oder Hass. Gelingt es uns, die Gegensätze nicht zu bewerten, können wir genau das erkennen. Stelle dir einfach immer wieder eine Skala vor. Es geht nicht darum auszugrenzen, es geht um Ganzheit. In deinem ureigenen System bist du reich, gesund und reine Liebe.

Wenn du dich bewusst auf die Fülle ausrichtest, ist das mentale Fitness. Wenn du weißt, in welche Richtung du dich bewegen willst, hast du den Start bereits vollzogen. Es ist alles schon da. Nun stell dir dein Ziel vor, so lange, bis es sich leicht anfühlt. Alles andere lass los!

5. Alles strebt nach Ausgleich – Geben und Nehmen sind gleichermaßen wichtig

Jede Aktion zieht eine Reaktion nach sich. So wie unser Einatmen immer ein Ausatmen nach sich zieht, folgt alles im Universum einem gewissen Rhythmus. Alles fließt hin und her, von einem Pol zum anderen. Aktion und Ruhe, Geburt und Tod, Aufschwung und Abschwung. Wenn wir uns momentan in einem Tief befinden, können wir uns sicher sein, dass es zwangsläufig wieder bergauf geht. So ist alles vergänglich und wir dürfen lernen, die Momente, die Phasen, von Erfolg zu genießen, sie jedoch nicht festzuhalten. In dem Wissen, dass alles fließt, halte ich nichts fest, sondern sorge selbst dafür, dass ich flexibel bleibe. Ich lerne zu vertrauen und mit dem Rhythmus mitzuschwingen. Erkenne, wann es Zeit ist zu ruhen, und wann es Zeit ist, in Aktion zu treten.

Du kennst diese Momente, in denen nichts gelingen will und du dich unnötig ärgerst und dir selbst Energie raubst. Wenn du unbedingt etwas durchboxen willst, anstatt einfach zu verstehen, dass es jetzt gerade besser ist, etwas anderes zu tun oder einfach eine Ruhephase einzulegen.

Sich dieses Prinzips bewusst zu sein, macht es nicht nur leichter, wechselnde Situationen in unserem Leben zu akzeptieren, sondern macht es uns auch möglich, jede emotionale Auswirkung auf uns selbst zu neutralisieren, indem wir uns dieser entziehen. Auch wenn das rhythmische Pendel nach wie vor schwingt, haben wir die emotionale Reaktion unterbrochen. Und wir können uns für die uns förderliche Seite entscheiden. Willst du Leid oder Harmonie? Eine scheinbar einfache Frage. Doch du bist gefordert, dich immer wieder bewusst zu entscheiden und auszurichten. Es ist deine Wahl, dich für das eine oder das andere zu entscheiden. Der Fluss allen Lebens heißt Harmonie, denn alles strebt zur Harmonie, zum Ausgleich. Das Stärkere bestimmt das Schwächere und gleicht es an.

Geben und Empfangen enthält den Reichtum und den Fluss zwischenmenschlicher Beziehungen.

Wenn Geben und Nehmen ausgeglichen sind, entsteht Harmonie. Was immer den Lebensfluss blockiert, etwa ein Widerstand oder ein Festhalten, wird geschwächt und muss gehen. Leben ist gegenseitiger Austausch – immerwährende Bewegung.

Folglich kannst du dir dessen bewusst sein, dass all das, was du an Begrenzung und Mangel in dir auflöst, eine Öffnung zur Fülle und Unbegrenztheit zur Folge hat. Wer innere Fülle nicht lebt, dem bleibt sie versagt.

Jeder Erfolgreiche hat verstanden, dass er nur das zurückerhält, was er selbst gibt und dass er sich niemals auf Kosten anderer bereichern kann. Das führt zwangsläufig irgendwann in den Ausgleich, der notwendig ist.

Weiters kannst du einen deutlichen Unterschied feststellen, wie es sich einerseits anfühlt, wenn man von einem Extrem zum anderen geworfen wird, und wie es im Gegensatz dazu ist, wenn du voll „eingependelt“ bist. Wenn wir in unserer Mitte sind, auf emotionaler Ebene, spielt es keine Rolle, ob wir uns links oder rechts, oben oder unten befinden. Damit geraten wir nicht mehr in diese Pendelbewegung der Extreme. Wir können aus der friedvollen Mitte heraus jede Lebenssituation meistern und genießen, weil wir kein

Ungleichgewicht erschaffen. Die Wirkungen können zwar nicht aufgehoben, jedoch bis zu einem gewissen Grad vermieden werden.

Du kennst das bestimmt, auf ein extremes Hoch folgt ein extremes Tief. Bist du mit dir und dem Leben im inneren Frieden, wirst du keine Extreme mehr erleben.

6. Jede Wirkung hat ihre Ursache – es gibt keine Zufälle

Alles, was jetzt gerade in deinem Leben ist, hast du in deiner Vergangenheit selbst erschaffen – natürlich meist unbewusst. Dass wir durch unsere Gedanken, unser Glauben, unsere Entscheidungen und unsere Handlungen unser eigenes Leid geschaffen haben, wollen viele von uns nicht wahrhaben.

Das wirft unser herkömmliches Weltbild gehörig durcheinander. Negative Gedanken haben einen negativen Effekt. Nur was gedacht wird, kann überhaupt existieren.

Damit ist der Zufall ein Wort ohne Bedeutung. Es fällt zu, was fällig ist. Das Gesetz von Ursache und Wirkung entschlüsselt, dass sich nichts zufällig ereignet.

Was ich in die Welt aussende, entfaltet irgendwo seine Wirkung. Damit sind wir die Schöpfer unseres Lebens und tragen demnach auch die volle Verantwortung für uns und unser Leben.

Frage dich, welche Ursachen es braucht, damit sich eine gewünschte Wirkung einstellt. Wenn du dir deiner eigenen Wirkung und Schöpferkraft bewusst bist, läufst du nie mehr Gefahr, durch den Willen und die Wünsche anderer oder durch andere äußere Umstände wie eine Schachfigur über das Brettspiel des Lebens bewegt zu werden.

Es heißt nicht umsonst: „Dein Wille geschehe." Wenn ich jetzt noch weiß, was ich will, kann es losgehen!

Mach dir an dieser Stelle noch einmal bewusst, dass es hier nicht nur um Taten geht, die Folgen haben. All deine Gedanken und Emotionen spielen hier mit. Denn sie sind genauso real wie dein scheinbar stofflicher Körper.

Sie werden in der Tat laufend in einen lebendigen, vernetzten Organismus eingewoben, in welchem nichts verloren geht. Alles, was du je gedacht oder gesagt hast, existiert noch irgendwo in diesem Raum. Die damit verbundene Energie wird irgendwann auf ihren Verursacher zurück fallen, im Positiven wie im Negativen.

Üben wir uns in Achtsamkeit und schulen wir unsere Bewusstheit, so erschaffen wir das, was wir uns wünschen. Niemand bestraft uns, alles im Leben passiert für uns. Wir bestrafen uns höchstens selbst, denn das, was mit uns geschieht, ist lediglich eine Konsequenz unseres eigenen Handelns. Das ermöglicht uns, unsere Muster zu reflektieren. So können wir vermeiden, in Zukunft dieselben Fehler zu wiederholen.

Bleibe im Fluss, lebe Flexibilität und überwinde jede Starrheit, denn alles, was starr ist, muss irgendwann zerbrechen. So wie Wasser fließen muss, damit es klar und sauber bleibt.

7. Männlich und weiblich – du bist beides

Alles trägt weibliche und männliche Energien in sich. Auch du und ich. Es braucht beide Energien, um eine ausgeglichene Ganzheit zu erfahren. Auch dein Business braucht beides.

Wir können nicht immer nur schaffen, uns beweisen, aktiv sein und das männliche Prinzip leben. Weibliche Eigenschaften, wie die Fähigkeit, in die Stille, die Ruhe und Kontemplation zu gehen, sind ebenso notwendig, um neue Kraft, Erkenntnisse und Ideen zu generieren.

In der heutigen Zeit wird das Ungleichgewicht in dieser Gesellschaft sehr deutlich. Das männliche Prinzip dominiert nach wie vor stark und viele Frauen verhalten sich wie Männer, anstatt dem Männlichen ihre wertvollen weiblichen Elemente hinzuzufügen.

Ohne dieses Prinzip ist keine Schöpfung möglich, egal ob physisch, mental oder geistig. Erst durch die Einheit von weiblichen und männlichen Aspekten entsteht eine Verbindung, die großes Potential beinhaltet.

Jeder von uns hat mehr oder weniger weibliche und männliche Anteile in sich. Wir haben die Aufgabe, die verschiedenen Aspekte zu integrieren, sodass sie sich in Balance befinden und sich entfalten können. Wenn wir die männlichen Anteile wie z. B. Kontrolle, Logik, Analyse und Verstand nutzen, benötigen wir ebenso das Fühlen, die Kreativität, die Intuition und die Selbstentfaltung, die wiederum ein Teil des Weiblichen sind. Alles ist männlich und weiblich, scheinbar gegensätzlich und doch eins.

Damit sind wir aufgefordert, nicht zu urteilen oder zu werten, denn alles hat seine Berechtigung. Wir tragen alles in uns.

Zu den weiblichen Energien, dem Yin, gehören: Hingabe, Leere, Entspannung, Harmonie, Empfangen, Sein, Fühlen, das Unterbewusstsein, Stillstand, Schwäche, Kooperation, das Soziale, das Nährende, das Weiche, das Runde und das Innen.

Die männlichen Energien sind: Stärke, Bewegung, Kontrolle, Spannung, Konkurrenz, Reibung, Tun, das Denken, das Geben, das Bewusste, das Feuer, das Harte, das Verbrennende, das Technische und das Politische. Die Natur ist immer beides. Es gibt nie ein entweder oder. Alles hat seine Daseinsberechtigung und auch sein Ende.

Unterlieg nicht dem Trugschluss, du müsstest als Frau im Business den Mann ersetzen, immer Stärke beweisen und ständig etwas schaffen, konkurrieren und kontrollieren.

Ohne die Stille, das Ruhen, das nach Innen schauen, wirst du auch als Mann nicht reflektieren können und wirst so wichtige Erkenntnisse und neuen Ideen versäumen und keine neuen Kräfte schöpfen können.

Erfolgreiche Menschen nehmen sich fast genauso viel Zeit für Stille und Rückzug wie für ihr aktives Tun im Außen. Sie haben erkannt, dass sie nur so dauerhaft in ihrer Balance und erfolgreich sein können. Denn zum Erfolg gehört, wie du weißt, eine optimale Basis, eine hohe Schwingung, ein positives Gedankenkonstrukt.

Beide Seiten im Gleichgewicht zu halten, ist unsere tägliche Herausforderung. Und wie oft sind die männliche und die weibliche Seite in dir komplett ausgewogen?

Fazit zu den sieben Gesetzen des Universums

Es mag einige Zeit in Anspruch nehmen, sich immer wieder mit diesen sich gegenseitig durchdringenden Gesetzmäßigkeiten auseinanderzusetzen, sie zu verinnerlichen und sie bewusst anzuwenden.

Wenn du nach diesen universellen Gesetzmäßigkeiten lebst, wirst du in allen Lebensbereichen erfolgreich sein.

Du wirst zu jemandem, der die Zusammenhänge und Gesetzmäßigkeiten des Lebens versteht, der versteht, wie Leben geht. Und zu jemandem, der sich sein Leben nach seinen Vorstellungen erschaffen kann, während er im Einklang mit den Naturgesetzen handelt.

Würde jeder Mensch auf der Welt von den hermetischen Gesetzen Gebrauch machen, wäre es nicht nur jedem einzelnen möglich, seine Herzenswünsche und Visionen zu leben. Wir würden uns auf einem Planeten voller Liebe, Freude, Gesundheit und unbegrenzten Möglichkeiten befinden.

Kapitel 3 – Die wichtigsten Unternehmer-Tools für deinen Erfolg

Kommunikation entscheidet über deine Beziehungen

Kommunikation ist immer und überall. Du kommunizierst immer, egal was du machst. Ob du sprichst oder nicht. Und deine Mitmenschen kommunizieren ebenfalls permanent. Wir kommunizieren und interpretieren also ständig.

Ob du die Fähigkeit, gut zu kommunizieren, beherrschst, erkennst du daran, wie deine Beziehungen zu anderen sind.

Denn gute Kommunikation bedeutet, eine Verbindung zum anderen herzustellen, so zu sprechen, dass der andere deine Botschaft versteht und dass es dir umgekehrt auch gelingt, die Botschaft des anderen richtig zu deuten. Es ist demnach klar, dass eine gute Verbindung zu anderen, also gute Kommunikation untereinander, extrem wichtig für uns ist. Wir fühlen uns verstanden, wir kommen vorwärts ohne uns gegenseitig zu blockieren und ohne uns mit Missverständnissen herumzuschlagen. Wir sind schlichtweg erfolgreicher in unserem Leben, privat wie beruflich.

Gute Kommunikation bedeutet Erfolg

Im Job ermöglicht gute Kommunikation ein effektiveres Arbeiten eben dadurch, dass deine Informationen deutlich sind und klar erfasst werden können. So kannst du deine Ziele besser und schneller erreichen. Warum hakt es jedoch hier und da genau an der Kommunikation? Einerseits tickt eben jeder von uns etwas anders und zweitens tragen wir alle unsere Blockaden und hinderlichen Muster, die in uns sind, über die Kommunikation nach außen.

Was versteht man unter guter Kommunikation? Es bedeutet, die Sprache hinter der Sprache zu verstehen.

Ein und derselbe Satz kann auf mindestens vier verschiedene Weisen interpretiert werden. Das beschreibt der Kommunikationspsychologe Schulz von Thun in seinem „Vier-Ohren-Modell“ bzw. dem Kommunikationsquadrat.

Wir können eine Botschaft als Appell an uns verstehen oder als reine Sachinformation. Wir können eine Aussage als Selbstoffenbarung des anderen erkennen oder aber als Beziehungshinweis verstehen.

Wenn ein Freund bei einem Treffen sagt: „Es ist spät“, könntest du annehmen, dass er müde ist und das Gespräch beenden will. Du könntest aber auch vermuten, dass er gelangweilt ist. Seine Aussage könnte ein Schuldgefühl in dir auslösen, weil du glaubst, du hättest ihm mit eurem Gespräch seine wertvolle Zeit gestohlen. Es kann jedoch auch einfach nur spät geworden sein und dein Freund drückt mit diesen drei Worten aus, dass er dir für das gute Gespräch dankbar und die Zeit nur so verflogen ist.

Du nimmst die Botschaft durch deine Filter wahr. Je mehr Blockaden, Unsicherheit und Zweifel du in dir trägst, umso mehr Filter blockieren die Wahrnehmung dessen, was andere zu dir sagen.

Jeder von uns hat seinen individuellen Filter, seinen individuellen Blick auf die Welt. Jeder nutzt andere Worte, die für jeden eine andere Bedeutung haben.

Wenn du das als Unternehmer beherzigst und einen guten Blick dafür entwickelst, was der andere meint oder gerade braucht, kannst du deine Kommunikation optimieren und anpassen. Wenn du dein Gegenüber verstehst und es dich, dann ergibt sich nicht nur eine gute Zusammenarbeit ohne Missverständnisse. Es entsteht auch eine Ebene von Verständnis und Wertschätzung und das wiederum ist der beste Motivator für jede Zusammenarbeit.

Ein Mensch zum Beispiel, der sich auf Details konzentriert, braucht viel Informationen. Sie geben ihm Sicherheit. Er benötigt viele Details, um zu einem guten Ergebnis zu kommen.

Den zielorientierten Menschen hingegen würde das nerven. Denn er will nur eine gute Übersicht haben und benötigt keine Details.

Kommunikationstypen bzw. Schutzfunktionen

Es macht Sinn, sich mit den Erkenntnissen von Virginia Satir, einer bekannten Familientherapeutin zu beschäftigen. Sie hat als Ursache jeder Kommunikationsstörung fehlenden Selbstwert erkannt. Wenn wir uns das genauer anschauen, macht diese Annahme durchaus Sinn. Virginia Satir beschreibt zudem vier grundsätzliche Kommunikationstypen oder Überlebenshaltungen, die Menschen dann annehmen, wenn sie unter Spannung stehen. Jede dieser Kategorien zeichnet sich durch eine besondere Körperhaltung, eine spezielle Gestik und begleitende Körpergefühle aus.

Du kennst diese Typen und vermutlich ist dir eine der vier Kommunikationsformen besonders vertraut. Ich stelle sie dir im Folgenden kurz vor. Dabei werden dir vermutlich einige Menschen aus deinem Umfeld einfallen, die besonders in eine der Kategorien passen.

Zu wissen, was hinter den Verhaltensweisen steckt, ermöglicht dir zu verstehen, warum jemand so agiert. Dadurch kannst du sicherer und gezielter kommunizieren und deinem Gegenüber das Gefühl geben, verstanden zu werden. Jeder von uns will verstanden werden. Verständnis und Anerkennung stärken unseren Selbstwert und geben uns das Gefühl, wichtig zu sein. Gleichgültig ob deine Geschäftskunden, deine Partner oder deine Familie und Freunde, wir sitzen alle im selben Boot mit denselben Sehnsüchten und Bedürfnissen, auch wenn wir sie nach außen unterschiedlich zeigen. Wenn du erfolgreich sein willst, kommst du an guter, und das heißt achtsamer Kommunikation nicht vorbei. Hier die vier Kommunikationstypen grob erklärt:

Der „Beschwichtigende" versucht stets auszugleichen, er macht sich klein und sagt zu allem „Ja". Beschwichtigen ist eine Möglichkeit zu reagieren, wenn wir das Gefühl haben, unser Überleben sei bedroht. Wenn wir beschwichtigen, missachten wir unsere eigenen Gefühle und überantworten unsere Macht jemand anderem. Ein Mensch, der zum Beschwichtigen tendiert, berücksichtigt andere und den Kontext. Er missachtet jedoch seine eigenen, wahren Gefühle. Beschwichtigen spielt vor, gefällig zu sein. Das wird leider in vielen Kulturen und Familien sehr geschätzt. Doch unterscheidet sich das Beschwichtigen vom kongruenten Bemühen, jemandem eine Freude zu machen. Wir beschwichtigen auf Kosten unseres eigenen Werts. Wenn wir beschwichtigen, missachten wir unsere eigenen Bedürfnisse und unser Selbstwertgefühl und übermitteln dem anderen die Botschaft, dass wir nicht wichtig sind.

Das „Anklagen" ist das genaue Gegenteil des Beschwichtigens. Wir greifen andere Menschen an, um uns selbst zu schützen und klagen sie an. In diesem Moment zählen nicht die anderen, sondern nur der Ankläger selbst, der darum bemüht ist, seine Gewichtigkeit zu zeigen. Diese Haltung spiegelt auf inkongruente Weise die Gesellschaft, für uns selbst einzutreten, niemals Schwäche zu zeigen, selbst wenn es auf Kosten anderer geschieht. Wir akzeptieren keine Beschimpfungen von anderen, keine Entschuldigungen oder sonstigen Unannehmlichkeiten. Wir nehmen die Haltung eines Anklagenden oft als feindselig, nörglerisch, tyrannisch bis hin zu gewalttätig wahr.

Eine weitere Kommunikationsform ist die des „Rationalisierens".

Hier wird die emotionale Ebene komplett ausgeklammert und sich auf die Ebene der Information, der Logik, der Fakten konzentriert. Jemand, der häufig das Wort „man“ statt „ich“ benutzt, zeigt, dass er sich rational orientiert. Der Rationalisierer steht häufig steif und unbeweglich da und zeigt wenig bis gar keinen Ausdruck von Mimik. Du kennst den Typ Mensch, der stundenlang doziert, fast unmenschlich wirkt und rein objektiv bleibt. Gefühle haben hier keinen Platz. Hier zeigen sich die von ihrem Kopf gesteuerten Menschen. Viele Unternehmer verhalten sich so, weil sie glauben, sie dürfen keine Gefühle zeigen. Ein Spiegel unserer gesellschaftlichen Konventionen, denn reif ist jemand, der sich nicht bewegt, nichts berührt und keine Gefühle empfindet.

Wenn du rationalisierst, wird deine Stimme allmählich absterben, du hast vom Schädel abwärts kein Gefühl. Dein Gehirn ist damit beschäftigt, jede Bewegung zu unterdrücken und du strengst dich an, die richtigen Worte zu wählen. Schließlich darfst du niemals einen Fehler machen. Das Traurige an dieser Rolle ist, dass sie für viele Menschen ein Ideal darzustellen scheint. „Sprich die richtigen Worte. Zeig keine Gefühle, reagiere nicht.“

Die vierte Überlebenshaltung ist das Gegenteil des Rationalisierens. Die „irrelevante“ Reaktion, die nicht zu verwechseln ist mit amüsant sein oder den Clown spielen. Wenn sich jemand irrelevant verhält, ist dieser ständig in Bewegung. Ein Versuch, die Aufmerksamkeit der anderen von den zur Diskussion stehenden Themen abzulenken. Der irrelevant Reagierende produziert ständig neue Ideen und möchte tausend Dinge gleichzeitig tun. Die Öffentlichkeit bezeichnet Menschen, die sich irrelevant verhalten, oft als spontan und fröhlich. Aus dem irrelevanten Verhalten kann irgendwann eine allgemeine Sprunghaftigkeit und Ziellosigkeit entstehen. Dieser Kommunikationstyp kann sich nicht lange auf ein bestimmtes Thema konzentrieren und ist innerlich gezwungen, von Themen abzulenken, die für ihn Stress bedeuten. Diese Art Mensch antwortet nie direkt auf eine Frage und es ist gleichgültig, was er sagt, denn es fehlt immer der Bezug zu dem eigentlichen Thema. Der Stimmklang passt oft nicht zum Gesagten und zeigt im Grunde Einsamkeit und ein Gefühl, nicht dazuzugehören.

Erkenne, wie du tickst und bewerte nichts

Diese Formen der Kommunikation zeigen sich täglich in extremer oder auch ganz abgeschwächter Form in allen von uns. Die Art zu kommunizieren ist immer ein Ausdruck dessen, was ist. Darum ist auch nichts richtig oder falsch. Es geht darum, Verständnis zu entwickeln.

Darum bewerte nichts. Akzeptiere, dass wir sind, wie wir sind und dass nicht jeder gleich ist wie du.

Nimm dir immer wieder vor, dich selbst zu beobachten, wie du kommunizierst, wie du dich verhältst. Du wirst feststellen, dass du in ähnlichen Situationen stets auf dieselbe Weise reagierst. So kannst du deine eigenen Mechanismen erkennen. Diese sind im Grunde Schutzprogramme, die du dir unbewusst zugelegt hast. Sie schützen uns vor Schmerz, Verlust, Überforderung und Verletzungen, aber sie blockieren oder verzerren unsere klare Wahrnehmung der Botschaften unseres Gegenübers.

Warum ist es wichtig, zu erkennen, welchen Mechanismen du unterliegst und wie du tickst?

Weil es dir nur so gelingt, deine Kommunikation zu verbessern. Es beginnt alles bei dir selbst. Je besser du dich kennst und verstehst, umso besser kannst du deinen Gesprächspartner verstehen. Wenn du merkst, dass du gerade eine emotionale Blockade hast, kannst du sie im Idealfall erkennen, akzeptieren, lösen und dich wieder auf die Kommunikation mit deinem Gegenüber einstellen. Oft reicht das Erkennen schon aus, um diesen Filter auszuschalten. Manchmal braucht es Auflösungsarbeit, um Störfaktoren ein für alle Mal auszumerzen.

Hast du einmal verinnerlicht, dass jeder von uns im Grunde seine eigenen Probleme nach außen zeigt, erkennst du auch, dass jeder scheinbare Angriff oder jede Zurückweisung ein Schutzprogramm des anderen ist. Und darum brauchst du und solltest du wirklich nie etwas persönlich nehmen!

Ein guter Unternehmer beherrscht genau das besonders gut. Würde er alles persönlich nehmen, wäre sein Scheitern absolut gewiss.

Verantwortung – immer und überall

Es kann sein, dass du das Wort „Verantwortung" schon nicht mehr hören oder lesen willst. Es kommt dir bereits oft genug unter. Doch niemand kommt daran vorbei, der wirklich frei und glücklich sein will.

Ich bin nicht ganz glücklich über die Wortwahl, weil es ein „Ver" – Wort ist. Und wer achtsam mit der Sprache umgeht, der bemerkt, dass diese drei Buchstaben den eigentlichen Inhalt eines Wortes abschwächen. Teilen wir das Wort auf in Ver–antwort–ung, steckt darin das schöne Wort „Antwort". Hast du keine Verantwortung, geht es dir deshalb nicht besser. Wir haben alle schon mehr als einmal gespürt, wie es ist, sich vor der Verantwortung zu drücken. Wir haben uns versteckt, etwas einfach nicht gemacht, was wir hätten machen können oder sollen. Diese Momente waren entweder eine vertane Chance oder ähnliche Situationen stellen uns bald erneut auf die Probe. Meist kommen wir an der Verantwortung nicht vorbei, bis wir uns ihr endlich gestellt haben.

Wenn es sich gut anfühlt, die Verantwortung zu übernehmen, dann übernehmen wir sie gerne. Nur nicht, wenn es kritisch oder brenzlig wird. Da scheint sich die Verantwortung in Schuld zu verwandeln. Das hast du im beruflichen Alltag, unter Freunden oder in wichtigen Debatten sicherlich schon oft erlebt.

Wir brauchen uns nichts vorzuwerfen, weil wir noch nicht bereit waren oder weil wir uns noch nicht stark genug fühlen. Vielleicht haben wir in der Vergangenheit eine ähnliche Situation erlebt, dasselbe durchgemacht. Die Erinnerung daran kann uns helfen, beim nächsten Mal anders zu handeln und die rote Linie zu überschreiten.

Ständig gilt es, neue rote Linien zu überschreiten und Zonen der Bequemlichkeit zu verlassen. Das bedeutet, Selbstverantwortung zu übernehmen. Wir übernehmen das Steuer und es hängt von uns ab, wie es weiter geht. Wie gerne geben wir anderen die Verantwortung oder Schuld, damit wir uns weiterhin gut fühlen können. Doch wir betrügen uns damit nur selbst. Für meine Begriffe gibt es keine Schuld, sondern nur Verantwortung. Wir haben als Kinder angefangen, uns schuldig zu fühlen und haben möglicherweise viel Verantwortung für unsere Eltern auf unsere eigenen kleinen Schultern genommen, die uns heute noch belastet. Das dürfen wir uns vergeben.

Ohne Verantwortung kein Business

Fakt ist, dass es zunächst scheinbar bequem ist, Verantwortung an andere abzugeben. Das hält uns klein und im Angestelltenverhältnis. Es gibt Leute, denen das für ihr gesamtes Leben reicht. Dass sie damit wirklich glücklich sind, glaube ich allerdings nicht. Denn in vielen Menschen steckt so viel mehr, als sie tatsächlich leben.

Wer bereit ist, Verantwortung zu übernehmen und sein Leben in die Hand nimmt, um zu Erfolg und Erfüllung zu kommen, der wird selber Unternehmer. Der baut sich sein eigenes Business auf, so wie du. Jeder ist dafür gemacht, Verantwortung zu übernehmen. Es sind nicht einige wenige, die du bewunderst und über die du denkst, sie seien etwas Besonderes oder sie seien begabter und talentierter als du. Nein, so ist es nicht. Ich bin der Überzeugung, dass jeder lernen kann, Verantwortung zu übernehmen. Man muss es nur trainieren. Jeder Mensch hat die Pflicht zu verantwortungsbewusstem Handeln. Es braucht ein wenig Disziplin und die richtige Denkweise.

Warum lernen wir nicht bereits in der Schule Verantwortung zu übernehmen? Wir müssen es uns irgendwann selbst beibringen, indem wir aktiv werden und uns aus unserer jetzigen Situation mit all unseren Mustern aus der Vergangenheit befreien und diesen keine Kraft mehr geben. Es ist irrelevant, wie schwer unsere Kindheit war, gleichgültig, wie groß Ängste waren, einerlei, wie allein du gerade mit deinem Vorhaben bist. Selbst Corona kann dich mal. Wenn du in den Flow kommen willst, dann höre auf, in deinen Umständen steckenzubleiben. Sie halten dich nur fest und schaden dir. Es gibt immer, zu jeder Zeit Erfolgreiche und nicht

Erfolgreiche, selbst in diesen Krisenzeiten. Die Gewinner machen scheinbar etwas anders.

Du sollst wissen, dass es immer zumindest eine Alternative zu dem gibt, was nicht gut ist. Bewege deine Aufmerksamkeit weg von dem, was dich scheinbar hindert, hin zu neuen Alternativen, die deinen Horizont erweitern und dir neue Handlungsmöglichkeiten bringen.

Sieh nicht das Hindernis – finde Lösungen

Manche Herausforderungen oder Lebenssituationen erscheinen dir unüberwindbar. Doch sie sind es nicht. Jeder erfolgreiche Unternehmer würde scheitern, wenn er nicht jede Herausforderung als Aufforderung sehen würde, um neue Antworten, Wege und Lösungen zu finden. Manche von uns haben das nie gelernt und fühlen sich daher immer wieder ohnmächtig. Auch ich kenne das sehr gut. Nicht handlungsfähig zu sein und das Gefühl zu haben, dass nichts mehr geht, ist furchtbar. Die Welt hat sich gegen dich verschworen, alles bricht zusammen. Schau dir in diesen Momenten die Natur an. Sie gibt niemals auf. Jede Pflanze, jedes Tier findet immer wieder Wege, um zu überleben. Jedes Problem enthält bereits die Antwort darauf, jede Herausforderung enthält die Lösung dafür. Das ist ein Naturgesetz der dualistischen Welt.

Wenn du in jeder Lebenssituation die Alternative im Blick hast oder eine Lösung findest, wirst du zum Schöpfer deines Lebens. Du erweiterst deinen Handlungsspielraum mit jeder Herausforderung und wächst über jedes Problem hinaus. So übernimmst du Verantwortung für dein Leben und für dich.

Du bist auch in der Lage, dir Lösungen schon zu überlegen, bevor gewisse Umstände überhaupt eintreten. Frage dich, wo willst du sein und wie kommst du da hin? Was steht dir vielleicht im Weg und was kannst du tun, um deinen Weg freizuräumen? Wie kannst du dich für mögliche Krisen rüsten? Was hältst du für wahrscheinliche Herausforderungen auf deinem Weg und wie kannst du diesen begegnen? Krisen wird es immer geben, für jeden von uns, unabhängig davon, ob wir erfolgreich sind oder nicht. Als erfolgreicher Unternehmer bist du dir dessen bewusst und wirst nicht gleich aufgeben. Du wirst dich immer wieder neu erfinden, neue Wege einschlagen und weiter machen. Also kneife nicht die Augen zu in der Hoffnung, dein Ziel auch ohne Krisen zu erreichen, um am Ende festzustellen, dass dein Wegschauen dazu geführt hat, dass es wirklich ernst wird. Handle sofort, wenn Handlungsbedarf besteht und verschiebe nichts, was getan werden muss. Das gibt dir eine ungeheuerliche Selbstzufriedenheit und innere Stärke und jedes weitere Hindernis wirst du besser und besser meistern.

Wie selbstständig muss man sein?

In den Anfängen meiner Selbstständigkeit stand ich ständig unter Strom. Ich wusste, dass ich selbst verantwortlich bin für meinen Erfolg, für meine Firma. Ich hatte bereits ein kleines Team von 6 Leuten um mich. Doch ich war von morgens 6 Uhr bis tief in die Nacht im Unternehmer-Modus. Ich fühlte mich verantwortlich für alles und jeden.

Ganz nach dem Motto „Du bist selbst und du bist ständig." Glaub mir, ich habe öfter als einmal an den Vorzügen des Unternehmertums gezweifelt, und es gab Zeiten, in denen ich gerne mit Menschen aus meinem Bekanntenkreis getauscht hätte, die als Angestellter arbeiteten. In einer Anstellung packt man seine Sachen, um einen dreiwöchigen Urlaub im Süden mit der Familie zu genießen oder genießt einfach seinen Feierabend mit Freunden.

Ein Schlüsselerlebnis, das mich zum Umdenken zwang, war die überraschende Aussage einer meiner Teamkollegen, der mir die Augen öffnete mit den Worten: „Sag, vertraust du mir nicht oder bin ich dir nicht gut genug?" Ich erkannte, dass ich derart viel Kontrolle ausübte, dass es mein Team tatsächlich bereits nervte. So konnte es nicht weiter gehen. Ich ließ los und ordnete mein Aufgabengebiet neu. Ich überließ jedem die Verantwortung für seine Tätigkeiten selbst, ohne das ständig zu überprüfen. Und die Arbeit funktionierte besser als zuvor.

Als sich mein Team im Laufe der Zeit nahezu verdoppelt hatte, stand ich erneut kurz vor dem Burn-out. Die ständige Beseitigung von Störfaktoren kostete uns einen Großteil unserer Zeit. Ständig beschäftigten wir uns mit lästigen Kleinigkeiten, die uns Zeit und Nerven kosteten. Es musste eine effektivere Möglichkeit geben, diese Probleme zu bearbeiten. Wir beschäftigten uns mit neuen Systemen, die unseren Arbeitsalltag erleichterten. Dazu gehörte zum Beispiel die automatisierte Einarbeitung neuer Mitarbeiter. Hier ist Weiterentwicklung wichtiger als permanent das Chaos zu bekämpfen.

Sei bereit, dich und dein Unternehmen ständig zu verbessern, denn es ist schließlich eine Veränderung zu deinem Besten. Frag dich, um welchen Quotienten würde sich dein unternehmerisches Handeln durch neue Systeme oder Automatisierung bestehender Prozesse verbessern? Es geht um langfristige Entwicklungsprozesse, die dein Unternehmen vorantreiben.

Wenn es dir gelingt, durch neue Systeme Zeit zu gewinnen für neue Ideen und Aufgaben, bist du ein echter Unternehmer. Einer, der eine optimal funktionierende Organisation entwickelt hat, die auch ohne ihn funktioniert. Das Ziel ist nicht, härter zu arbeiten, um mehr zu verdienen. Als erfolgreicher Unternehmer findest du Wege, um an deiner Arbeit mehrfach und auch passiv zu verdienen. Du stellst wertvolle Mitarbeiter ein. Du positionierst dich und entwickelst dich zum Spezialisten auf deinem Gebiet. Daraus resultieren letztlich dein Reichtum und dein Erfolg.

Heute kann ich dir sagen, dass ich sehr glücklich bin, diesen Weg eingeschlagen zu haben und ich begrüße jede neue Herausforderung, weil ich weiß, dass ich sie meistern werde.

Deine Persönlichkeit entscheidet über deinen Erfolg

Wohlstand ist etwas sehr Schönes und er ist unser Geburtsrecht. Viele von uns wollen etwas haben oder erreichen, um eine Persönlichkeit darzustellen. Sie wollen tolle Reisen unternehmen, ein teures Auto fahren, in Reichtum leben. Diese Träume entstehen bei Menschen häufig aus einem Armutsdenken und dem Erleben von Mangel heraus. Sie sehen nur das, was erfolgreiche Menschen erreicht haben, dass sie sich die besten Marken und schöne Möbel leisten können und vermutlich jetzt mehr Freizeit haben als man selbst.

Doch sie sehen nicht, was nötig war, diesen Status zu erreichen. Viele sind nicht bereit, den gleichen Einsatz zu zeigen wie die, die sie bewundern. Denn eigentlich wollen sie gar nicht so sein. Sie wollen so bleiben, wie sie sind und trotzdem etwas anderes haben. So funktioniert das Leben nicht.

Es ist deine Persönlichkeit, die entweder auf Gewinnerdenken oder auf Armutsdenken programmiert ist. Du musst denken und tun, was dir echten Erfolg bringt. Solange du in Sabotageprogrammen, in Armutsdenken verhaftet bist, kann dir kein Erfolg zukommen.

Es bedeutet, den weniger bequemen Weg zu gehen und etwas zu wagen. Es bedeutet, durch Ängste zu gehen, an dir selbst zu arbeiten, an dich und deinen Erfolg zu glauben, nicht aufzugeben, wenn andere schlappmachen.

Und es lohnt sich! Du bist auf einem guten Weg! Mach weiter!

Du bist die Antwort

Einer der größten Denkfehler, den viele begehen, ist zu glauben, sie müssten erst etwas besitzen, um jemanden darzustellen, erst Karriere machen, Geld anhäufen, Materie ansammeln. Was brauchen wir eigentlich?

Ein starkes Selbstbewusstsein ist das erste, was du anhäufen darfst und wofür du dich engagierst. Jeder erfolgreiche Unternehmer muss erst lernen, sich darauf zu konzentrieren, jemand zu sein. Es braucht eine gefestigte Persönlichkeit, gesunde Werte und einen starken Charakter.

Daraus folgt ein starker Wille, der ständig weiter lernt und wächst. Nach diesem Prinzip leben Gewinner.

Das größte Unterscheidungsmerkmal zwischen einem wahren Unternehmer und einem Menschen aus der Mittelschicht ist, dass ein erfolgreicher Unternehmer niemals Freiheit gegen Sicherheit eintauscht. Im Gegensatz zum Menschen, der lieber ein Angestelltendasein in Kauf nimmt und nicht bereit ist, irgendwelche Risiken für mehr Freiheit in Kauf zu nehmen.

Stell dir die richtigen Fragen

Möchtest du deinem Erfolg noch ein wenig auf die Sprünge helfen?

Dann versorge deinen Verstand doch ab heute regelmäßig mit dem besten Futter, das er von dir bekommen kann. Indem du ihn mit positiven Fragen beschäftigst. Er wird dir die besten Antworten liefern, wenn du ihn nur oft genug fragst.

Frage deinen Verstand nun jeden Abend vor dem Einschlafen oder so oft wie möglich:

- Warum weiß ich, dass alles möglich ist?
- Warum bin ich gut genug?
- Warum wachse ich jeden Tag über mich hinaus?
- Warum ziehe ich jeden Tag unendlich viel Geld und Möglichkeiten in mein Leben?
- Warum fällt es mir so leicht, meine Widerstände loszulassen?
- Warum fühlt sich mein Leben leicht an?

Es gibt unendlich viele Fragen, die du dir stellen kannst. Dir diese Fragen zu stellen ist eine sehr effektive und einfache Methode, deinen Verstand Stück für Stück auf Erfolg umzuprogrammieren.

Anstatt dich zu fragen, warum dieses und jenes nicht funktioniert hat, stelle dir ab heute die Fragen, die dir nützen! Du erhältst immer eine Antwort auf deine Fragen.

Ohne Wachstum läuft nichts

Dass etwas lebt, erkennst du daran, dass es wächst. Sobald etwas aufhört zu wachsen oder sich zu verändern, stirbt es. Ein Apfel, der vom Baum fällt, wächst nicht mehr, er wird sich zersetzen, sofern du ihn nicht vorher genüsslich verspeist. Die Funktionsweise eines jeden Lebewesens beinhaltet Wachstum.

Doch was beinhaltet Wachstum? Ein Rosenstrauch der wächst, sieht nach einem Jahr völlig anders aus. Er hat sich verändert. Er wurde größer, entwickelte stärkere Wurzeln und breitere Stämme, aus denen weitere Verzweigungen und Knospen herauswuchsen.

Wachstum bedeutet mehr als nur wachsen, es beinhaltet stetige Weiterentwicklung, es bedeutet Reifung. Wir wachsen und reifen ständig, äußerlich wie innerlich. Wir lernen und passen uns an die Umstände an, indem wir uns optimieren.

Wachstum soll dir keinen Druck machen

Häufig erlebe ich bei dem Thema Wachstum im Austausch mit anderen Unternehmern oder auch mit Klienten, dass sich einige engagieren und mit dem Herzen dabei sind, während andere zögern. Da kommen Gedanken und Stimmen auf, die erkennen lassen, dass dieses Thema Stress und Ängste erzeugt. Das war auch bei mir anfangs so. Bis ich verstand, worum es geht und dass Wachstum die natürlichste Sache der Welt ist.

Wachstum zuzulassen bedeutet nicht, dass du gezwungen bist, Dinge zu tun, die du nicht kannst oder nicht willst. Es bedeutet auch nicht, dass du mehr arbeiten musst und weniger Freizeit hast. Mehr Umsatz oder Gewinn bedeutet nicht, dass du dich nur noch mit Zahlen beschäftigst und andere für dich wichtigere Dinge hinten anhängen musst. Für die Weiterentwicklung deines Unternehmens darf dich das antreiben, was dir wichtig ist. Und es ist doch ein schöner Gedanke, wenn dir das, was dir wichtig ist, nebenbei noch mehr Umsatz oder Gewinn bringt.

Es gab Zeiten, in denen ich mit dem Begriff Wachstum nicht viel Begeisterung verband. Frei und unabhängig zu sein, selbst Entscheidungen zu treffen, selbst zu gestalten und dabei etwas Sinnvolles zu tun, das waren die Werte, die mir wichtig waren. Das sind sie immer noch.

Doch ich habe erkannt, dass es dabei keinen Widerspruch gibt. Sinnvolles Wachstum entsteht aus der Kombination von beidem.

Wachstum hat zwei Varianten

Unter quantitativem Wachstum stellt man sich im abstrakten Sinne erst mal das „Größer werden“ vor. Mehr Gewinn, mehr Umsatz, größere Zahlen, größere Produktion. Genau das macht uns einen Druck, den wir gar nicht haben wollen. Es mag Unternehmer geben, für die nur dieses Ziel gilt, doch das halte ich für gefährlich.

Für mich ist qualitatives Wachstum die deutlich spannendere Variante. Hier bekommt Wachstum erst einen Sinn, wenn es konkrete Weiterentwicklung und Entfaltung bedeutet.

Auch wir wachsen im Idealfall unser Leben lang qualitativ und können uns irgendwann als weise Persönlichkeit bezeichnen und damit anderen als Vorbild dienen.

Häufig gehen beide Formen des Wachstums bei einem Unternehmen Hand in Hand. Das ist vollkommen in Ordnung so.

Wie definierst du sinnvolles Wachstum für dich? Im Grunde kann diesen Begriff jeder für sich subjektiv definieren, da er einer bestimmten Entwicklung, einer konkreten Richtung erst die Bedeutung gibt. Du entscheidest, was für dich bedeutsam oder auch weniger sinnvoll ist.

Sinnvolles Wachstum für dein eigenes Business sollte eines sein, welches zu dir persönlich passt. Es sollte mit all deinen Werten, Stärken, Motiven und Bedürfnissen im Einklang stehen.

Wie du sinnvolles Wachstum für dich persönlich beschreitest, hängt davon ab, wie deine Visionen aussehen.

Du magst denken, dass sinnvolles Wachstum das ist, was dich deiner Vision näher bringt. Doch du musst auch dein persönliches Warum kennen. Was ist dein innerer Antrieb, was willst du bewegen oder verändern? Was willst du hinterlassen? Welche Rolle spielt dein Business dabei? Nähere dich über solche Fragen deiner persönlichen Definition von sinnvollem Wachstum an. So wird die Richtung, in die sich dein Unternehmen entwickeln soll, klarer.

Wohin soll deine Reise konkret gehen? Denk an das, was du für deine Kunden bewirken, wie du mit deinen Mitarbeitern umgehen, was du vielleicht Neues oder Besonderes schaffen willst. Überlege, was du Gutes für dich tust und für die Menschen, die du liebst und die Menschen in deinem Umfeld.

Deine Entscheidung bestimmt dein Wachstum

Für jedes Unternehmen gibt es in der Theorie unterschiedliche Arten zu wachsen. Viele davon hat man selbst oft gar nicht auf dem Schirm. Das bedeutet jedoch, du darfst entscheiden, wie dein Unternehmen wächst. Die Möglichkeiten sind unendlich. Das kann für dich eine Ausweitung deines Produktportfolios bedeuten, eine stärkere Spezialisierung, eine Hinzunahme neuer Geschäftsfelder oder eine Reduktion auf eines oder wenige Felder, eine Veränderung deines Businessmodells, eine Vergrößerung deines Teams und viele weitere Möglichkeiten. Was auch immer dich dazu bewegt, dich weiter zu entwickeln, hängt von inneren oder äußeren Faktoren ab und dafür trägst du die Verantwortung.

Du und dein Unternehmen beeinflusst euch wechselseitig

Wächst dein Business sinnvoll und in die Richtung, die du dir wünschst, bringt dir das auch persönlich einen enormen Wachstumsschub, da immer eine starke gegenseitige Beeinflussung zwischen dir und deinem Business herrscht. Was bei dir vorgeht, hat Auswirkungen auf dein Unternehmen und umgekehrt. Du und dein Unternehmen, ihr beeinflusst euch gegenseitig. Wenn du dich entfalten möchtest, brauchst du meist auch einen Wandel in deinem Unternehmen. Doch du entscheidest über die Richtung. Es ist gleich, ob der erste Impuls von deinem Business oder von dir als Mensch ausgeht. Sei dir darüber klar, was sich für dich ändern soll. Wovon willst du mehr, wovon weniger haben?

Höre nie auf zu wachsen

Hörst du auf, dich weiterzuentwickeln, wird dein Unternehmen früher oder später scheitern. Dein Wachstum wirkt sich nicht nur auf Teilbereiche aus, sondern ist allumfassend. Deine konstante Weiterentwicklung ist ein ganzheitliches Thema, denn jede kleine Veränderung formt den Erfolg deines Unternehmens, dessen Pionier du bist.

Sei aufmerksam, beobachte deinen inneren Wandel, aber auch den Wandel im Außen und entwickle dich mit, erweitere deinen Horizont. Das bedeutet sich auch in Zeiten des Erfolgs nicht auf Vergangenem auszuruhen, sondern Wachstum und Weiterentwicklung zu deinem Lebensalltag zu machen, so wie das tägliche Zähneputzen. Stell dir selbst in Krisenzeiten die Frage, was diese Gutes für dich bringt. Du kannst in allem eine verborgene Chance erkennen und diese nutzen.

Geiz ist alles andere als geil

Kennst du ebenfalls Personen in deinem Umfeld, wie ich sie im Folgenden beschreibe? Es geht ihnen finanziell sehr gut und trotzdem sparen sie an allen Ecken und Enden, sogar an ihren Beziehungen zu anderen? Sie wirken trotz ihres Vermögens nicht glücklich oder entspannt. Hauptsache, das Geld auf ihrem Konto häuft sich weiter an.

Möglicherweise hat Sicherheit einen hohen Wert in ihrem Leben und sie betrachten ihren Geiz als adäquaten Weg, um sich Sicherheit zu schaffen. Doch nur wer sein Geld genießen kann, wird glücklich und erfüllt sein. Es mag gute Gründe geben, warum jemand derart konservativ mit seinem Geld umgeht. Welche Art Mangel er auch erlebt hat, durch Gier und Geiz wird er vielleicht Geld anhäufen, doch wirklich reich wird er dadurch nicht.

Wenn deine Angst dich antreibt und dazu bringt, an allem festzuhalten, wirst du ausbrennen. Du erfährst nie, was Genuss bedeutet und wirst kein glücklicher und erfolgreicher Unternehmer.

Es würde bedeuten, dass du unfähig bist zu wachsen. Wer festhält, der stagniert. Lass das Leben fließen, sorg dafür, dass es für dich arbeitet, lade die Veränderung in dein Leben ein. Besinne dich auf die universellen Gesetze des Lebens. Veränderung ist der feste Bestandteil deines Lebens.

Wahrer Genuss bedeutet für mich ein Leben im ständigen Ausgleich zwischen Geben und Nehmen, anderen mit dem, was ich habe zu helfen und mir gleichzeitig bewusst zu sein, was mich selbst erfüllt, was mir neue Kraft und Freude bringt.

Es ist wichtig, beiden Seiten des Genusses zu kennen und sie beide zu leben. Bist du reich, kannst du viel Gutes für dich tun, aber auch für andere und damit für die Welt. Sorge gut für dich selbst, sei nicht gierig oder geizig, sondern freue dich zu geben, was du zu geben hast.

Verdienst hat mit „dienen" zu tun

Viele glauben es kaum, weil sie häufig Negatives über reiche Menschen gehört haben, doch viele von ihnen haben die Essenz des Dienens tief verinnerlicht und haben früh damit angefangen, ihre Zeit in Ehrenämter zu investieren oder für wohltätige Zwecke zu spenden. Es ist Zeit, ein anderes Bild zu verinnerlichen als das, welches uns die Medien und die Allgemeinheit vorzeigen. Gäbe es keine reichen Menschen, wäre vieles anders. Viele tun im Stillen Gutes und reden nicht darüber, da es typisch für die deutsche Mentalität ist, nicht über Geld zu reden.

Hast du schon einmal jemandem etwas Gutes getan und die Dankbarkeit genossen, die dir dafür geschenkt wurde? Etwas Gutes und Sinnvolles zu tun, erfüllt uns mit Dankbarkeit. Und auch die Dankbarkeit anderer Menschen tut uns gut. Im Grunde unseres Herzens wollen wir einer guten Sache dienen und es gibt durchaus einen Zusammenhang zwischen „dienen“ und Geld „verdienen“.

Wenn du gibst, bevor du nimmst, wirst du Fülle an allen Ecken und Enden erleben. Alles ist im stetigen Ausgleich, ganz im Sinne des fünften universellen Gesetzes.

Wie kannst du das am besten umsetzen? Zum Beispiel, indem du jenen Menschen, die dir am nächsten stehen, deine wertvolle Lebenszeit widmest oder einen Teil deines Geldes für gute Zwecke spendest. Du kannst dich einer Sache, die dir am Herzen liegt, ehrenamtlich widmen oder achtsamer mit deinen Mitarbeitern, Kollegen und Kunden umgehen. Was du Gutes tust, im Kleinen wie im Großen, wirkt sich positiv auf die Welt aus und du kannst nie wissen, was du mit deinem Dienst tatsächlich alles bewirkt hast.

Vielleicht hast du Leben verändert, ja sogar gerettet, ohne es jemals zu erfahren. Jeder erfolgreiche und erfüllte Mensch kennt den Segen des Gebens und tut deshalb gerne Gutes. Das Geben macht dich lebendiger und dankbarer, weil es in unserer Natur liegt, diese Welt ein Stück besser, schöner und glücklicher zu machen.

Deine Marke bist du selbst

Wie zeigst du dich der Welt? Wer willst du sein? Welche Mentoren sind für dein Leben wichtig? Viele hadern mit dem Gedanken, dass sie nicht allein ihre Idee oder ihr Produkt verkaufen können, sondern aufgefordert sind, auch sich selbst zur Marke zu machen.

Du kannst nicht erfolgreich sein, wenn du im Schneckenhaus bleibst. Selbst wenn deine Ideen großartig sind. Die Menschen wollen wissen, wer dahinter steckt. Sie wollen deine Geschichte hören, wollen wissen, was dich antreibt, wie du zu deiner Arbeit gekommen bist. Du wirst zu einem Vorbild.

Du weckst Gefühle bei deinen Kunden und diese führen letztlich dazu, dass sie deine Produkte kaufen. Das ist Marketing. Scheu dich nicht davor, dich und deine einzigartige Geschichte zu zeigen.

Steh zu dir und kenne dich selbst und deine Story. So stellst du eine Verbindung zu deinen Mitmenschen her.

Ohne dich und deine Geschichte verkauft sich dein Produkt eventuell auch, aber mit Sicherheit nur halb so erfolgreich.

Mit deiner authentischen Geschichte setzt du auf die Macht der Emotionen und das ist die beste Marketingstrategie, die es gibt. Marketing ist wichtig, um deine Verbindung zu anderen Menschen herzustellen. Haben sie einen Bezug zu dir und wissen, wen sie vor sich haben, werden sie gerne deine Kunden sein. Sie wollen dein „Warum" erfahren.

Deine Zielgruppe soll zu dir passen

Glaubst du an dich und an deine Produkte? Bist du davon überzeugt, dass du es verdienst, mit Leuten zusammenzuarbeiten, die deine Arbeit und deine Produkte schätzen? Finde diese Menschen, die von Beginn an dein Produkt glauben und die du nicht erst überzeugen musst, dein Geschäft gut zu finden. Mach dich nicht klein, sonst ziehst du die falschen Kunden an. Frag dich, wer das liebt, was du tust und mit wem du es gerne zu tun hast. So findest du die richtigen Kunden und die richtigen Partner. Welche Menschen sind deine Zielgruppe? Mache dir das klar und berühre genau diese Zielgruppe mit deiner emotionalen und inspirierenden Geschichte, die dein „Warum" authentisch und klar vermittelt.

Was auch immer du anbietest, solange dich niemand kennt, gewinnst du kaum Interessenten für deine Angebote. Werde für deine potenziellen Kunden sichtbar, am besten gleich zu Beginn, wenn du dein Business startest. Das kannst du zum Beispiel durch bezahlte Werbeanzeigen und automatisierte Leadgewinnung erreichen. In deine Sichtbarkeit kannst du deine ersten Einnahmen investieren. Nutze aber auch deinen Bekanntenkreis und dein eigenes, bestehendes Netzwerk, um erste Interessenten zu gewinnen.

Dein Marketing braucht ein „Warum"

Richtiges Marketing will gelernt sein. Der wichtigste Tipp, den ich dir zu diesem Thema gebe, ist, dass es deine Kunden weniger interessiert, was du verkaufst und wie es entstanden ist, sondern sie interessieren sich für das „Warum".

Deine Kunden müssen zuerst erfahren, warum sie dein Produkt kaufen sollen, welchen Sinn, welches Bedürfnis du damit erfüllst. Gib diesem „Warum" viel Raum. Kunden kaufen nicht dein Produkt, sondern eine Lösung für ihre Probleme. Du hast die Lösung dafür und bestätigst ihnen, dass sie richtig liegen.

Gutes Marketing benötigt natürlich auch ein „Was" und „Wie". Doch vor allem auf das „Warum" kommt es an. Profis wissen, dass sie erst das „Warum" erklären müssen, bevor sie auf das „Was" und „Wie" eingehen.

Was Marketing für dich bedeutet

Viele neue Unternehmer lassen sich von der Aufforderung „Du musst Reichweite aufbauen!" leiten. Damit passiert ihnen ein großer Fehler, denn sie verschwenden viel ihrer wertvollen Zeit damit, bekannter zu werden und verlieren sich auf allen möglichen Social-Media-Plattformen. Das ist aus meiner Sicht eine riesige Zeitverschwendung und lenkt vom Wesentlichen ab. Vielleicht hast du es so oder ähnlich selbst schon erlebt. Du hast viele Follower, die dich gut finden, dir nette Kommentare hinterlassen, dir ein Daumen hoch und Herzchen schenken. Das schmeichelt unserem Ego und macht kurzfristig gute Laune. Doch es ermöglicht uns nicht von unserm Business zu leben! Und das wollen wir schließlich erreichen. Verschwende deine Zeit nicht mit Dingen, die lediglich dein Ego streicheln.

Andere Online-Marketer sagen allerdings, dass es wichtig ist, mit Lob auf positive Kommentare zu reagieren. Auch das bringt dir wieder Aufmerksamkeit, du gibst den Menschen das Gefühl, dass sie wertvoll sind und schaffst wiederum Nähe. Meine Warnung ist, dich darin nicht zu verlieren. Vielleicht suchst du dir jemanden, der diese Tätigkeiten für dich übernehmen kann.

Kaufst du bei jemandem ein, der dir fremd oder unsympathisch ist? Nein, das machst du nicht. Darum ist es wertvoll, wenn dich deine Zielgruppe sympathisch findet. Zeig deinen potentiellen Kunden, dass sie dir wichtig sind, indem du ihnen von deinem Leben erzählst, sie mit positiven, aufbauenden Geschichten fütterst und erlange so ihre Aufmerksamkeit.

Gutes Marketing bedeutet nicht, möglichst viele Kunden zu erreichen, sondern Kunden, die zu dir passen, die zu deiner Zielgruppe gehören. Viele Unternehmen haben einen großen Bekanntheitsgrad, doch das sagt nichts über ihre tatsächlichen Einnahmen aus. Fokussiere dich gezielt auf die Kunden, die deine Dienstleistung tatsächlich nutzen wollen und bringe sie dazu, aktiv zu werden. Nutze hierzu eine Marketingstrategie, die den Kunden direkt anspricht und zum Handeln bewegt. Beispielsweise, indem er sich bei dir eintragen muss, bevor er etwas von dir bekommt. So baust du deine Liste auf. Diese Art Marketing nennt sich „Direct Response" Marketing.

Die ganz großen Firmen nutzen eine weitere Form von Marketing, die sich „Branding" nennt. Dabei machen sie ihre Marke etwa durch kostspielige Werbefilme und Sponsoring bei Veranstaltungen bekannt. Für kleinere und mittelständige Unternehmen ist diese Strategie nicht besonders gut geeignet.

Sinnvollerweise fokussierst du dich auf Methoden, die dir sofort zu Umsatz verhelfen, ohne dass dich jeder kennen muss. Es ist sogar ein Vorteil, keine große Reichweite zu haben, weil du sonst unter den vielen Followern kaum noch die wirklich Interessierten erkennst und das Gefühl bekommst, dass deine Angebote nicht wirklich Erfolg bringen.

Also verschwende keine Zeit damit, bekannt zu werden, sondern sprich deine Zielgruppe direkt an und investiere deine Zeit darin, zu verstehen, was deine Kunden wirklich brauchen und von dir wollen.

Bleib in deinem Umfeld sichtbar

Regelmäßig für deine Community sichtbar zu sein ist wichtig. Eine Grundregel im Verkauf lautet, dass dein Gegenüber sieben Impulse von dir benötigt, bevor es bei dir kauft. Wie kannst du das erreichen? Beispielsweise indem du täglich Content postest. Deine Follower müssen deine Gegenwart spüren können, sodass sie von deinem Mehrwert profitieren. Niemand kauft einfach grundlos. Zuerst musst du ihm etwas geben. Deine Kunden sollen neugierig und freudig bleiben, wenn du dich ihnen zeigst.

Doch Achtung! Dabei bist du gefordert, dich nicht im Geben zu verlieren, denn so mancher bleibt genau dabei hängen. Er gibt zu viel kostenfrei her und kommt so zu keinem vernünftigen Umsatz. Natürlich freuen sich die Menschen über Geschenke und können oft gar nicht genug davon kriegen. Sie sollen sich aber nicht daran gewöhnen, dass es bei dir immer etwas umsonst gibt.

Deine Kunden müssen an den Punkt kommen, an dem sie tiefer einsteigen und beispielsweise dein Coaching oder deine Kurse buchen oder dein Produkt kaufen. Kratze mit kostenfreien Inhalten oder Geschenken ein wenig an der Oberfläche. Liefere interessante Inhalte, die deine Follower bereichern und auch ein Stück weit fesseln. Lass sie ein wenig an deinem Leben teilhaben, zeige dich authentisch und baue mit deiner Geschichte Nähe auf und mache ihnen Mut, sich dir zu nähern und bei dir einzusteigen. Poste mindestens einmal pro Tag.

Die besten Uhrzeiten dafür sind am frühen Morgen zwischen 6 und 8 Uhr, zu Mittag zwischen 11 und 13 Uhr und kurz vor dem Abendfernsehen, also zwischen 18 und 20 Uhr. Im Idealfall bereitest du deine Beiträge vor und planst im Vorfeld, welche Beiträge du wann veröffentlichst. Heutzutage gibt es Möglichkeiten, auch diese Arbeit zu automatisieren, das hilft dir, deinen Arbeitsalltag erheblich zu optimieren.

Verkauf deine Lösung – nicht deine Zeit

Viele Selbstständige machen einen großen Fehler bezüglich ihres Angebotes.

Ich spreche von der Bestimmung des Wertes deines Produkts oder deiner Dienstleistung. Stell dir die Frage, welches Endresultat dein Kunde durch dein Angebot erreicht und was ihm dieses Resultat wert ist. Dein Kunde kauft nicht dich oder deine Methode, sondern lediglich das, was du ihm am Ende lieferst. Nur daran ist er interessiert.

Wenn du ein Coaching, eine Beratung oder eine andere Dienstleistung anbietest, ist deine Methode das Werkzeug, mit dem du deinem Kunden das Endergebnis lieferst. Dein Kunde will nicht direkt deine Methode haben, sondern ein Endergebnis, für das er bereit ist, zu zahlen. Verstehst du den Unterschied? Dein Preis sollte sich nach dem Endergebnis richten, also danach, welchen Wert dein Angebot für deinen Kunden hat.

Wie kannst du den wahren Wert deines Angebots erkennen? Oft fällt es uns schwer, uns in den Kunden hineinzuversetzen, um diesen Wert auszumachen, hängt er doch im Wesentlichen davon ab, für wen wir unsere Dienstleistung vollbringen.

Gerade im Bereich der Coaching- und Beratungsangebote findest du große Preisunterschiede, die Kosten werden vom jeweiligen Anbieter selbst festgelegt. Den Preis bestimmen letztlich deine Dienstleistung und deine Zielgruppe. Frag dich, welchen Preis deine Kundschaft in der Lage und bereit ist zu bezahlen! Grundsätzlich sollst du eine Zielgruppe finden, für die der Wert deines Angebots sehr hoch ist. Je hochpreisiger du werden kannst, umso besser hast du deine Zeit investiert.

Stärke deinen Unternehmergeist

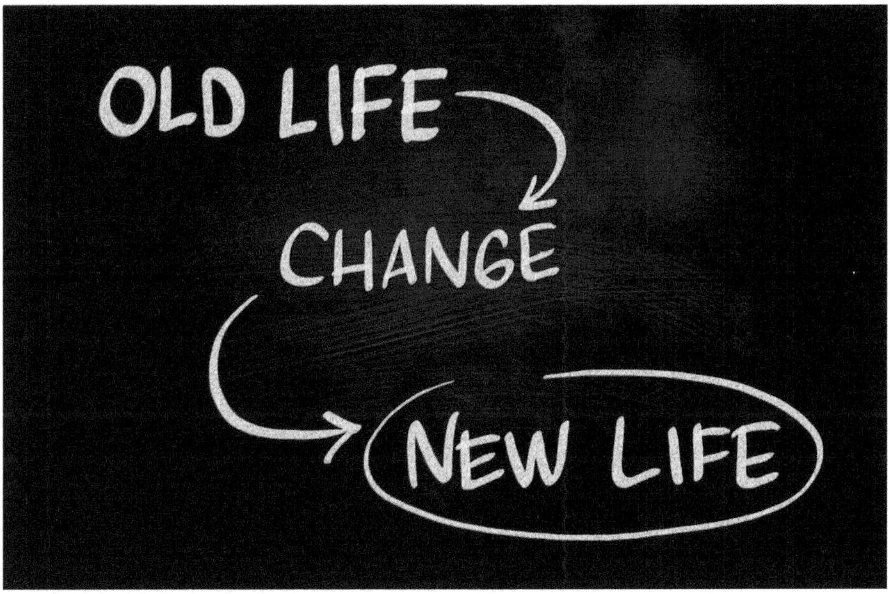

Was es braucht, um Unternehmer zu sein

Sei bereit, erneut einen Blick in deinen Kopf zu werfen. Wie steht es um deinen Unternehmergeist? Wenn du an das Verkaufen denkst, wie geht es dir gedanklich, wie fühlst du dich dabei? Verabscheust du es, dich oder etwas zu verkaufen? Oder bist du bereit, dich und deine Ideen mit Leidenschaft oder besser „Freudenkraft" zu präsentieren und zu verkaufen? Im ersteren Fall denkst du arm, im letzteren denkst du reich.

Welchen Gedanken hast du bezogen auf Probleme? Gehören sie für dich zum Leben dazu, siehst du sie als Chance, Lösungen zu finden und persönlich zu wachsen? Oder kommen dir Probleme andauernd dazwischen, sodass du gar nicht dazu kommst, dich auf deinen Erfolg zu konzentrieren? Legst du deinen Fokus darauf, gute Ergebnisse zu erzielen, für die du bezahlt wirst oder ist es vielmehr dein Aufwand und deine Zeit, für die du bezahlt werden musst? Du siehst, es gibt diese kleinen, aber wesentlichen Unterschiede im Mindset eines guten Unternehmers, der sich von einem nicht Erfolgreichen dementsprechend unterscheidet.

Dein Fokus entscheidet über deine Handlungen. Konzentrierst du dich auf dein Vermögen und dein Eigentum, das du gerne anhäufst, oder konzentrierst du dich auf dein Einkommen, damit du dir mehr finanzielle Freiheit erlauben kannst? Macht dich Angst handlungsunfähig oder wirst du trotz deiner Angst weiter deine Schritte gehen? Es geht immer um all das, was in deinem Kopf schlummert. Beobachte dich immer und immer wieder und wenn du dich dabei ertappst, in die Opferrolle zu geraten, denke um oder schalte den Kopf ganz aus, um dich neu auszurichten.

Umdenken und Kopf ausschalten

Es gelingt uns nicht immer, Ratschläge der bereits Erfolgreichen nachzuvollziehen oder gar zu verinnerlichen. Das ist völlig normal und auch gar nicht schlecht. Gerade wenn es um das Geldverdienen geht, brauchst du nur zu wissen, dass es funktioniert. Warum es funktioniert, musst du nicht verstehen. Manchmal macht es Sinn, einfach zu starten und den Plan zu verfolgen, den du hast. Es ist sogar empfehlenswert, den Kopf auszuschalten, um den Weg der Umsetzung frei von allen blockierenden Gedanken zu halten. Es kommt vor, dass du rückblickend noch immer nicht ganz nachvollziehen kannst, wie du hierhergekommen bist, warum dieses und jenes passiert ist. Du bist einfach durch diese Prozesse marschiert und hast dein Ding gemacht.

Willst du dir ständig alles in deinem Kopf zurechtlegen und immer alles verstehen, ist die Gefahr groß, dass du gar nicht erst handelst, weil dir tausend logische und rationale Gründe durch den Kopf schießen, dass es nicht funktionieren kann.

Bedenke, dass dein Verstand das Neue gar nicht kennen kann. Darum ist er diesbezüglich ein schlechter Ratgeber. Vertraue lieber den Vorreitern, die bereits erfolgreich waren, diese liefern dir gute

Vorlagen. Du brauchst das Rad nicht neu erfinden, folge einfach nur dem Leitfaden, der dich zum Erfolg bringt. Vieles kannst du kognitiv nicht nachvollziehen, weil dir dazu die Erfahrung fehlt. Wie kannst du verstehen, wie ein Millionär denkt, wenn du selbst noch nie einer warst? Verstehe, welche Schritte du gehen kannst und lerne aus den Fehlern anderer Menschen, die dir einen guten Leitfaden an die Hand geben können. Rückblickend wirst du alles verstehen und verinnerlichen.

Fühle dich verantwortlich

Weißt du, dass du deine eigene Welt und die anderer Menschen nicht gestalten kannst, solange du dein eigenes Licht unter den Scheffel stellst und dich klein machst? Je mehr du von dir gibst, desto mehr Möglichkeiten werden dir offenbart. Ja, du trägst Verantwortung, dir selbst und deinen Kunden gegenüber. In der Bequemlichkeitszone zu verharren, wenn man anderen Menschen helfen kann, ist egoistisch. Hätte ich mich von meinen Ängsten abhalten lassen, hätten Tausende Menschen nicht von meinen Vorträgen und Büchern profitieren können. Du bietest deine Gaben nicht nur an, um damit Geld zu verdienen, sondern weil du etwas geben kannst, was kein anderer auf diese Weise geben kann. Damit wirst du deiner Verantwortung gerecht und gibst der Welt das, was du beizutragen hast.

Was eine gute Führungskraft braucht

In der Lage zu sein, dein Unternehmen gut zu führen, ist elementar, denn das entscheidet darüber, ob du Erfolg erreichst oder nicht.

Als gute Führungskraft steigerst du die Effektivität und Qualität deines Unternehmens enorm. Führungsqualitäten sind in jedem Unternehmen wichtig.

Bist du eine gute Führungskraft? Beginne mit der Frage, ob du dich selbst gut führst. Hier landen wir wieder bei dem Thema Verantwortung. Das bedeutet, du hast eine Antwort auf alle Umstände, egal wie schwierig diese sein mögen.

Setzt du um, was du dir vorgenommen hast? Sind dir deine Ziele klar? Gibst du stets dein Bestes und tust alles, was du tun kannst? Wie leicht lässt du dich von deinem Weg abbringen oder ablenken? Behältst du dein Ziel im Auge, auch wenn es einmal nicht optimal läuft? Oder findest du Gründe, warum etwas gerade nicht geht? Solange du irgendwelche Gründe vorschiebst, bist du nicht in der vollen Verantwortung und damit nicht in deiner Führungskraft.

Eine gute Führungskraft hat verinnerlicht, dass sie allein für ihren Erfolg verantwortlich ist und dass es niemals Sinn macht, den Umständen die Schuld zu geben.

Du willst das Beste aus deinen Mitarbeitern herausholen und sie so motivieren, wie du selbst dich siehst. Du übernimmst in jedem Moment deines Lebens die Verantwortung. Denn nur so behältst du die Macht, Konflikte zu lösen.

Als gute Führungskraft bist du in der Lage, gute Beziehungen zu führen und einfühlsam zu sein.

Wie du denkst und fühlst, es wirkt sich auf alles in deiner Umgebung aus, auch auf dein Unternehmen. Wie du in den Wald rufst, so schallt es zurück. Deine innere Einstellung strahlt aus, das hast du bereits gelernt. Fühle dich an das erste und zweite universelle Prinzip erinnert.

Beherrsche das Spannungsfeld zwischen Nähe und Distanz. Wie gut kannst du Grenzen setzen, um die nötige Distanz zu schaffen? Wie gut kannst du Lob und Komplimente aussprechen und damit Nähe schaffen? Du bist dir darüber bewusst, dass Kritik und Nichtbeachtung Distanz schafft. Wie sehr bist du von der Anerkennung von anderen abhängig? Kannst du es aushalten, wenn dich jemand nicht mag? Wann braucht es Nähe, wann braucht es Distanz? Wir arbeiten mit Menschen und Menschen sind nicht berechenbar, sie haben keinen Katalog und keine Bedienungsanleitung, die man für den Erfolg nur zu befragen braucht.

Du bist gefordert, ständig zu jonglieren, dich hineinzufühlen, was gerade notwendig ist. Manchmal ist Nähe fruchtbar und ökonomisch. Da wirkt eine Beförderung oder ein Lob wahre Wunder. Manchmal braucht es eine gesunde Distanz, besonders als Führungskraft, damit du den Überblick behältst und positiv einwirken kannst. Du musst damit leben, dass man dir Härte vorwirft, da du als Führungskraft eine andere Perspektive als deine Mitarbeiter einnimmst und nicht jedem seinen Wunsch erfüllen kannst. Du bist eben als Führungskraft einige Schritte voraus und weißt, was du zu geben hast. Du weißt, wie wichtig es ist, ein Lob auszusprechen und du weißt, wann es angebracht ist, Kritik zu äußern. Und im besten Fall weißt du auch, wie du Lob und Kritik so vermittelst, dass sie beim Gegenüber ankommt. Spar nicht an Feedback. Deine Mitarbeiter wollen immer wissen, woran sie bei dir sind und wie du ihre Arbeit beurteilst. Dieses Feedback ist für alle Mitarbeiter wichtig, doch besonders für junge Mitarbeiter, damit sie sich weiter entwickeln können.

Nur dein Produkt und dein Marketing alleine machen dein Unternehmen nicht erfolgreich. Es ist deine gute Führung, die den Erfolg bringt.

Sei nicht zu früh satt

Sobald dein Geschäft läuft und du das Gefühl hast, es geht dir richtig gut, mach nicht den Fehler, dich zurückzulehnen. Du hast gerade alles, was du dir gewünscht hast und kannst es dir gut gehen lassen, doch die Gefahr, ab jetzt Gewohnheiten schleifen zu lassen und bequem zu werden, ist hoch.

Natürlich sei es dir von Herzen gegönnt, dich etwas zurückzulehnen, doch bleib immer sorgsam und hinterfrage stetig deine Prozesse. Frage dich, wie du zu diesem Ergebnis gekommen bist und was noch besser laufen könnte! Nur weil du im Moment wohlhabend bist, bedeutet das nicht, dass es auf diese Weise weiter bergauf geht. Es gibt immer etwas, das optimiert werden kann und es ist wichtig, dass du ständig wach und sensibel für die Prozesse in deinem Unternehmen bleibst.

Viele machen den Fehler, in solchen Momenten innerlich abzuschalten, weil sie das Gefühl haben, angekommen zu sein, es geschafft zu haben. Wenn du nicht am Ball bleibst, laufen deine Geschäfte vielleicht eine Weile gut weiter, doch irgendwann wird sich der Erfolg schmälern. Ich möchte dich nicht unter Druck setzen, sondern dich dazu ermuntern, dich darauf zu trainieren, eine gewisse Unzufriedenheit beizubehalten und stets weiter zu denken. Was, wenn du noch mehr Geld verdienen kannst, mehr als du tatsächlich benötigst? Was kannst du damit Gutes tun und wie krisensicher wirst du dich dann fühlen? Gib dich nie mit weniger zufrieden als mit deinen größten Träumen! Der Weg ist das Ziel.

Marketing und Verkauf gehen vor

Weißt du, womit du als Unternehmer deine Zeit am besten und sinnvollsten nutzt? Mit deiner Marketingstrategie und der Frage, wie du deine Zielgruppe besser kennenlernst, um deinen Verkauf zu optimieren. Denn das bringt dir Einnahmen, mit denen du alles weitere aufbauen und erreichen kannst. Ohne Marketing geht nichts. Da bedeutet nicht, dass du einseitig oder nur auf das Geld fokussiert bist.

Du brauchst Einnahmen, um Mitarbeiter einzustellen, um Werbung zu schalten, um dir einen eigenen Coach zu leisten, um deine Homepage zu optimieren, um von A nach B zu kommen.

Auch in deinem Privatleben kannst du mit größeren finanziellen Möglichkeiten Gutes für deine Gesundheit tun, deinen Alltag erleichtern und deine Freizeit reichhaltiger gestalten.

Beinahe jedes Problem kann von einem Experten gelöst werden, solange man diesen bezahlen kann.

Besonders am Anfang deiner Selbstständigkeit ist es wichtig, dich darauf zu fokussieren, wie du am besten verkaufen und deine Zielgruppe optimal versorgen kannst. An deinen Einkünften kannst du messen, ob deine Prozesse optimal gelaufen sind oder ob du leider deine Zeit verschwendet hast. Perfektionismus ist hier fehl am Platz, denn es macht wenig Sinn, beispielsweise die Webseite ständig neu zu bearbeiten. Nutze deine Zeit optimal mit dem Ziel, deine Kundschaft kennenzulernen und finde heraus, welche Aktivitäten für dich Geld generieren. Sei es ein anderes Angebot für deinen Kunden oder ein weiteres Verkaufsgespräch. Wenn dein Fokus nicht grundsätzlich auf den Finanzen liegt, ist die Wahrscheinlichkeit hoch, dass du deine Zeit mit unnützen Dingen verschwendest.

Welche Qualifikationen brauchst du?

Ein Business als Coach oder Berater hat den Vorteil, dass es in diesem Bereich wenig gesetzliche Hürden gibt. Im Gegensatz zum Beruf des Therapeuten sind die Begriffe „Coach" und „Berater" keine geschützten Berufsbezeichnungen. Das bedeutet einen Vorteil für Quereinsteiger, hat aber Nachteile für den Kunden. Dieser muss selbst herausfinden, wer von der Materie und den Inhalten, die er anbietet, wirklich etwas versteht.

Viele Kunden unterscheiden nicht zwischen einem Coaching, einem Consulting, Training oder einer Beratung. Hier entstehen oft Missverständnisse, selbst für Menschen, die professionelle Fortbildungen gemacht haben. Während bei einem Coaching die Lösung für ein Problem vom Kunden selbst gefunden wird, grenzt sich der Berater dadurch ab, dass dieser auch Empfehlungen gibt. Ein Trainer wiederum gibt Anweisungen, wie du dein Ziel erreichst, das ist häufig in Gruppensettings der Fall.

Deine Fortbildungen und Zertifikate bestimmen letztlich, wie du arbeitest. Dem Kunden ist es gleich, ob du dich Coach, Trainer oder Berater nennst, da er nicht gelernt hat, zwischen diesen Begrifflichkeiten zu unterscheiden.

Die Nachfrage am Markt ist sehr groß und es gibt viele Nischen, in denen Nachfrage nach Dienstleistungen im Bereich Coaching, Training, Beratung und Agenturdienstleistungen herrscht. Das bedeutet, man kann sich in diesem Bereich auch in Zukunft gut etablieren, Beispiele hierfür wären Dienstleistungen bezüglich Webseiten-Entwicklung, Coaching und Beratung im Business- und Marketingbereich, Beratung im Bereich Unternehmensgründung oder Markenentwicklung, Coaching und Training für Karriere und finanzielle Bildung für beispielsweise Führungskräfte, aber auch die Persönlichkeitsentwicklung boomt derzeit in vielen Bereichen. Hier werden Flirt-Coaches gesucht, Coaches für Kindererziehung, Motivationstrainer, Selbstbewusstseinstrainer, Beratungen für Lebenskrisen, Life Coaches und vieles mehr.

Auch Gesundheit, Fitness und Ernährung stehen hoch im Kurs und bieten viele Möglichkeiten für Coaching, Training und Beratung. Ein weiterer Bereich, in dem es zunehmende Nachfrage nach Experten gibt, ist der der Bewusstseinsentwicklung, der inneren Arbeit für mehr innere Balance, Achtsamkeit, Meditation und Manifestation.

Auch ein lukrativer Markt mit einem hohen Kundenwert, der sich auch im Online-Marketing gut nutzen lässt, ist der Bereich Fitness, Beauty, Immobilien, Restaurants und auch Hochzeits- und Eventplanung.

Du bist also auf einem guten Weg, wenn du dein Business in einem dieser Bereiche aufbaust und hast eine gute Chance, hohe Jahresumsätze zu generieren.

Auch wenn viele sich nicht vorstellen können, jemals ein Coaching oder ein Training zu kaufen oder dass jemand von dieser Tätigkeit leben kann, ist die Nachfrage danach vorhanden und wird sich in den nächsten Jahren weiter erhöhen.

Zeitersparnis, Sicherheit und bessere Qualität sind die entscheidenden Faktoren, die deine zukünftigen Kunden dazu bewegen, dich als Experten zu buchen. Die zunehmende Digitalisierung führt dazu, dass auch Online-Coaching an Attraktivität gewinnt. Die breite Masse der Selbstständigen bedient sich zunehmend der digitalen Medien.

Profitiere von den wirklich Erfolgreichen

Selbstständige sind in Deutschland nach wie vor in der Minderheit. Da gibt es nicht viele, die dir gut zur Seite stehen können. Zudem haben die meisten Unternehmer mit ihren eigenen Problemen zu kämpfen und sind alles andere als gute Ratgeber für dich. Ebenso wenig bringen dich Gespräche mit Menschen, die vom Business keine Ahnung haben, weiter.

Du kannst nicht erfolgreich werden, wenn du auf deinen Nachbarn oder deinen liebsten Onkel hörst, sofern die beiden nichts vom Unternehmertum und von persönlicher Weiterentwicklung verstehen. Du musst dich vom Mittelmaß innerlich wie äußerlich abwenden, dich von der Masse abheben, denn zu der gehörst du nicht mehr. Du willst schließlich nicht mehr tun, was alle anderen tun und immer weiter tun werden.

Es geht nur gemeinsam mit Gleichgesinnten und dazu gehören auch nicht diejenigen, die bereits seit Jahren oder Jahrzehnten erfolgreich und mit ihrem Imperium weltbekannt sind. Sie sind schon zu lange im Geschäft und können dir nicht mehr als einige Grundsatzweisheiten mit auf den Weg geben, die für dich entweder noch nicht nachvollziehbar sind oder dich sogar abschrecken.

Suche dir junge, erfolgreiche Unternehmer, die dir bei deinem Start und den vielen kleinen Schritten wirklich weiter helfen können und lies gute Bücher, so wie dieses hier.

Wichtige Tipps für Einsteiger

Setze zu Beginn nicht alles auf eine Karte. Es mag Personen geben, die es geschafft haben, von einem Tag auf den andern aus ihrem Berufsleben auszusteigen und voll in die Selbstständigkeit einzusteigen. Aber ich kenne auch viele, die das nicht geschafft haben.

Ich weiß aus eigener Erfahrung, dass die Zeiten, in denen man beiden Welten gerecht werden soll, hart sind. Dass man dabei immer wieder das Gefühl hat, weder dem einen noch dem anderen gerecht zu werden. Doch ein übereilter Schritt Richtung Selbstständigkeit ist oft die Folge einer Motivationsblase, in der man blauäugig glaubt, wenn man jetzt einen Cut macht, wird es schon laufen. Du kannst dann zwar die volle Aufmerksamkeit auf dein Business lenken, doch das Geld geht rasch aus und damit entstehen neue Ängste, die dich blockieren und deine Gedanken von deinem Vorhaben abbringen. Ich sage nicht, dass es immer so passiert, doch es ist ein, aus meiner Sicht, typischer Anfängerfehler.

Im Idealfall baust du neben deiner Haupttätigkeit ein zweites Standbein auf, sodass deine Existenzgrundlage gesichert ist.

Zudem gibt es zwei Geschäftsmodelle, die du als Einsteiger am besten vermeiden solltest. Verkaufe weder physische noch virtuelle Produkte.

Die Gefahr ist groß, dass der Verkauf nicht gut läuft, solange du dich auf dem Markt noch nicht etabliert hast. Zudem hast du als Anfänger oft noch nicht das richtige Händchen dafür, welches Produkt eine hohe Nachfrage generiert.

Ebenso fatal wäre es, nur offline zu arbeiten. Das ist aufgrund der Kosten für den Laden, das Büro, das Inventar und weiteres sehr kapitalintensiv. Auf Dauer gesehen musst du dir immer wieder neue Standorte suchen, um neue Märkte zu erschließen.

Was du brauchst, ist eine Dienstleistung, die du gut über das Internet präsentieren kannst, über das du deine Kundenakquise aufbaust, ohne hohen Kosten- und unnötigen Zeitaufwand.

Wie du dich auf dem Milliarden-Markt richtig positionierst

Warum du hochpreisig verkaufst

Es mag für dich befremdlich sein, dir vorzustellen, deine Angebote für sehr hohe Preise zu verkaufen. Du fragst dich wie viele andere, ob dein Produkt so viel Geld wert ist oder ob es überhaupt jemanden gibt, der dir so viel bezahlt.

Dass der Wert eines Produktes von unterschiedlichen Menschen vollkommen unterschiedlich geschätzt wird, wurde in diesem Buch bereits besprochen.

Verstehe die Beweggründe deiner Kunden, die durch den Erwerb deines Produkts eine Lösung kaufen.

Stell dir vor, es gibt Menschen, Traumkunden, die dir das drei-, vier- oder fünffache des Preises zahlen würden, weil sie es können. Es gibt diese Kategorie Menschen und ich erkläre dir nun, was diese von den „Normalos" unterscheidet. Ein Normalo achtet sehr auf sein Geld, weil er nicht genug davon hat, um sich alles Mögliche leisten zu können. Dafür hat er jedoch eine Menge Zeit. Einen solchen Kunden wirst du schwer davon überzeugen, etwas zu kaufen, das sehr hochpreisig ist. Dein Traumkunde hat eine Menge Geld zur Verfügung, aber wenig Zeit. Zeit ist für ihn sehr kostbar und darum investiert er diese zum Beispiel gern in einen Coach, der es ihm ermöglicht, schneller zu seinen gewünschten Resultaten zu gelangen. Dafür ist er bereit, viel Geld zu zahlen.

Wenn du ein wirklich hohes Einkommen erzielen willst, sprichst du genau diese Kunden an, die dir dankbar sind, wenn du ihnen mit deiner Lösung wertvolle Zeit sparst. Schlag dich nicht mit denen herum, die lieber sparen und deine Dienstleistung nicht wirklich wertschätzen.

Interessanterweise geben hohe Preise genau deiner Zielgruppe ein Gefühl von Sicherheit. Sie wissen, dass sie etwas Gutes dafür bekommen, da sie es gewohnt sind, sich von ihrem Geld das Beste zu leisten.

Hohe Preise stehen für hohe Qualität. Ich kann dir einige Beispiele nennen, die bestätigen, dass sich ein und dasselbe Produkt zu einem hohen Preis besser verkauft als zu einem niedrigen Preis.

Was nichts kostet, ist nichts wert. Das ist in den Köpfen der Menschen tief verankert.

Die Investition darf den Kunden immer ein wenig schmerzen, damit er diese auch wertschätzen kann. Du gehst mit einer teuren Goldkette anders um, als mit günstigem Modeschmuck, nicht wahr?

Vergiss dabei nicht deine wertvolle Zeit und Kraft, die du bereits in deine Arbeit gesteckt hast. All die Stunden, die du damit verbracht hast, deine Ideen umzusetzen, die Gespräche, die Zweifel, die Ängste, den Mut, den du aufgebracht hast, an dich zu glauben, immer wieder neu anzufangen, immer wieder rote Linien zu überschreiten. Im Grunde ist das unbezahlbar, findest du nicht auch?

Sei dir das wert und denk darüber nach! Verkauf dich nicht unter Wert und zeig deinem Gegenüber, dass dein Angebot das Beste auf dem Markt ist, auch durch den hohen Preis.

Ich selbst habe lange gebraucht, um das zu verinnerlichen. Je erfolgreicher ich wurde, desto klarer wurde mir das. Heute weiß ich, dass nichts Schlechtes daran ist, seinen Wert einzufordern. Denn schließlich kommen die Kunden freiwillig zu mir und wissen das, was ich ihnen biete, zu schätzen. Es ist also eine Win-Win-Situation entstanden, von der beide Seiten etwas haben. Du hast nur dann ein Problem, wenn du nicht an dich und deine Dienstleistung glaubst.

Ohne Positionierung bleibst du auf der Strecke

Um einen guten Platz auf dem riesigen Markt einzunehmen und auch zu behalten, kommst du nicht darum herum, dich zu positionieren. Gerade im Online-Marketing darfst du auffallen und deine Einzigartigkeit zeigen. Es muss dir gelingen, die Aufmerksamkeit deiner Zielgruppe zu wecken, egal wie. Man soll sich an dich erinnern und dich am besten gar nicht mehr vergessen. Werden die Menschen neugierig auf dich, schauen sie näher hin und im besten Fall kommt dann ein Aha-Moment, der dir den ersten Kunden beschert. Natürlich ist es das eine, zu Beginn Neugier zu wecken, das andere ist, attraktiv zu bleiben. Hier erreichst du mit bezahlter Werbung über das, wofür du stehst, und was du vermittelst wichtige Initialzündungen. Vermeide es, unsichtbar zu sein. Wer unsichtbar bleibt, schafft es nicht. Du darfst dich und dein Produkt zeigen. Das bedeutet automatisch, dass du etwas anderes eben nicht darstellst. Du bist gezwungen, dich abzugrenzen. Das mag dir vielleicht nicht gefallen. Es ist jedoch unvermeidlich, dass du Kunden anziehen und andere abstoßen wirst. Das hat den positiven Effekt, dass du die Menschen fernhältst, die dir sowieso keine guten Kunden geworden wären.

Vielleicht befürchtest du, damit deine Zielgruppe zu sehr einzugrenzen. Diesen Gedanken kenne ich sehr gut, aber ich habe mithilfe meines Coaches gelernt, dass es trotzdem wichtig ist, den Flaschenhals, also die Engstelle zu finden. Hast du den gefunden, hast du vielleicht eine kleinere Zielgruppe, aber für diese kannst du zum Spezialisten werden und damit einen wesentlich besseren Preis verlangen, als wenn du die breite Masse bedienst. Das ist verständlich, oder?

Stell dich auf deine Zielgruppe ein. Zeig, wofür du stehst und tätige ruhig auch mal ein paar pointierte Aussagen, die die Menschen triggern! Das imponiert und zeigt auch eine gewisse Stärke, wenn du weißt, wovon du sprichst!

Denk daran, es ist immer besser, belächelt, als ignoriert oder übersehen zu werden.

So erreichst du neue Kunden

„Keep it simple." – nutze den einfachen Weg und mach die Dinge nicht unnötig kompliziert. Was du brauchst, ist ein gangbarer Weg von deinem Produkt zur ersten Anfrage und schließlich zum Verkauf. Dafür benötigst du eine Webseite, auf der man dich findet und die den Kunden dazu einlädt, sich von dir beraten zu lassen.

Wenn klar ist, was dein Angebot ist, investiere in Online-Marketing, indem du Anfragen für kostenlose Beratungsgespräche generierst. Ein Beratungsgespräch ist der einfachste Weg, ein „Ja" von deinem Interessenten zu bekommen.

Hast du bereits einen Kundenstamm, nutze diesen, um selber Anfragen zu deinem Produkt durchzuführen. Oder du führst telefonische Anfragen bei potenziellen Kunden durch.

Für viele ist der Knackpunkt das Gefühl, etwas verkaufen zu müssen. Etwas zu verkaufen ist in dieser Gesellschaft immer noch verpönt und hinterlässt bei vielen einen schlechten Beigeschmack. Gut zu verkaufen will gelernt sein und du kannst beruhigt sein, wenn du zu denen zählst, die genau das verabscheuen. Du musst nicht bereits ein Verkaufsgenie sein, du kannst es lernen.

Wenn du von dir und dem Wert deiner Dienstleistung überzeugt bist und verinnerlicht hast, dass das was du tust, eine gute Sache und kein Verbrechen ist, dann wirst du es einfach tun.

Denk bei deinem Geschäft immer daran, das Ziel ist es, Geld zu verdienen und nicht von Gott und der Welt gemocht und geliked zu werden. Du wirst nicht jedem gefallen und von netten Kommentaren und Reichweite kannst du dir keine Brötchen kaufen.

Die Technik ist nicht dein Feind

Gehörst auch du zu denen, die gern durchstarten wollen, wissen, was sie zu geben haben, aber Angst vor der Auseinandersetzung mit den technischen Abläufen am Computer haben? Wie bei allem, das zuerst fremd und schwierig ist, bemerkt man, sobald man sich mit der Materie intensiver beschäftigt, dass es gar nicht so schwer ist. Wenn du dir ein neues Handy kaufst, setzt du dich auch einige Zeit mit der neuen Bedienfunktion und den neuen Tools auseinander und dann wird der Umgang damit zur Selbstverständlichkeit. Darum will ich dich ermutigen, dich nicht von deiner Angst abhalten zu lassen. Du kennst sicher jemanden, der dir bei der Aufbereitung deiner Seite behilflich sein und dir ein paar Abläufe erklären kann. Oder du nutzt die vielen Schritt-für-Schritt-Anleitungen im Internet, die mittlerweile für jeden Ablauf existieren oder stellst jemanden ein, der die technischen Arbeiten für dich übernimmt . Eine weitere Möglichkeit wäre die Nutzung externer Dienstleister. Diese können dein System so aufsetzen, dass die digitale Neukundengewinnung automatisiert funktioniert oder automatisch Werbung geschalten wird.

Die Technik soll dich nicht abhalten. Erinnere dich daran, dass du nicht alles selber machen musst und auch nicht kannst. Jeder kommt irgendwann an den Punkt, an dem er erkennt, dass er sich vernetzen und Aufgaben abgeben muss, weil er sonst auf der Strecke bleibt. Als Einzelkämpfer kommst du nicht weit, zumindest nicht, ohne wertvolle Zeit zu verlieren oder jede Menge Frusterlebnisse und schlaflose Nächte in Kauf zu nehmen.

Es gibt Menschen da draußen, die große Lust haben, an unseren Projekten mitzuwirken und die uns nicht nur helfen, sondern auch unser Leben bereichern. Wer das einmal erlebt hat, der weiß, welchen Wert Zusammenarbeit und Vernetzung hat.

Wenn du dich bisher nicht getraut hast, dein Projekt mit anderen Leuten zu besprechen und sie mit ins Boot zu holen, wie willst du es dann schaffen, dich auf deine Zielgruppe zuzubewegen?

Hör auf, dich mit anderen zu vergleichen

Wie oft vergleichst du dich mit Menschen, die eine völlig andere Lebenseinstellung und Art zu leben haben? Wie kann es gut gehen, wenn du dich mit jemandem vergleichst, der täglich Tausende Euros verdient, dem viele Menschen applaudieren, wenn er auf der Bühne steht und von seinen Erfolgen erzählt? Wie fühle du dich, wenn du nie derartige Erlebnis hast? Das ist Futter für deinen Verstand, der dir sogleich einredet: „Vergiss es, das ist nicht deine Welt, da kommst du niemals hin."

Wenn du dich messen willst, suche dir jemanden, der erreichbar für dich ist. Jemand, der schon so lebt, wie du es dir auch für dich vorstellst. Das scheint im Widerspruch zu dem Leitsatz „Träume groß" zu stehen. Aber verstehe das bitte nicht falsch. Du sollst dich für alles öffnen, auch für deine größten Träume. Wenn es um die Umsetzung geht, darf das Schritt für Schritt passieren, in einem Tempo, das gut für dich ist.

Stell dir vor, dir erfüllt sich von heute auf morgen ein Riesenwunsch. Du besitzt einen Privatjet, der dich für dein Meeting abholt, bei dem es um ein Millionengeschäft geht und anschließend hältst du eine Rede vor tausenden Menschen, die von dir hören wollen, wie auch sie erfolgreich werden.

Dein Herz schlägt bis zum Hals und vermutlich zieht sich alles in dir zusammen, weil du noch nicht bereit bist für diesen riesigen Schritt. Wir dürfen in diese Situationen langsam hineinwachsen.

Wir sind wie junge Grashalme, die günstige Wachstumsbedingungen benötigen, um zu wachsen und das geht nicht von einem Moment zum nächsten.

Was den Vergleich mit anderen betrifft, so misst du dich im Idealfall mit niemandem, sondern konzentrierst dich auf dich selbst, auf das, was du erreichen willst, was dich ausmacht. Du bist einzigartig! Finde heraus, was dich so einzigartig macht!

Gewöhn dich an Berg- und Talfahrten

Mich mit niemanden vergleichen. Ja, das ist leicht gesagt. Wir wollen natürlich wissen, was neben unserem Angebot auf dem Markt ist. Doch selbst wenn es den Anschein hat, als hätten alle, die bereits erfolgreich sind, ein schönes Leben, lass dir gesagt sein, dass auch jeder andere immer wieder Berg- und Talfahrten hat und haben wird. Es geht niemals schnurgerade bergauf, Erfolg und Misserfolg kommen wellenartig. Dies zu verinnerlichen ist von großer Wichtigkeit. Kommt die nächste Krise, die nächste Talfahrt, sei dir gewiss, dass dies dazu gehört und es auch wieder bergauf geht. Erfolgreich ist, wer mit diesen Herausforderungen umgehen kann und daraus Kraft schöpft.

Was ich in den letzten Jahren gelernt habe und dir mitgeben möchte, ist die Tatsache, dass ich in diesen Hochphasen zwar ständig gewachsen bin, jedoch noch nicht so, dass mein Unternehmen unabhängig von mir geworden ist.

Mein Unternehmen muss aber auch wachsen können, wenn ich einmal nicht verfügbar bin, also unabhängig von mir sein. Das ist die Herausforderung, die ich noch zu meistern habe.

Wie ernst nimmst du dich und dein Geschäft?

Ich muss dir an dieser Stelle nicht mehr sagen, wie wichtig es ist, daran zu glauben, dass du schaffen kannst, was andere bereits vor dir geschafft haben.

Wir gehen davon aus, dass dein Mindset gut aufgestellt ist und du auf Erfolgskurs programmiert und bereit bist, weiter zu gehen. Doch wie sieht es praktisch aus? Wie steht es um deine Gewohnheiten? Wie lebst du deine Prioritäten?

Wie wichtig ist dir dein Geschäft, wenn du am Geburtstag deines Vaters ein wichtiges Geschäftstreffen hast, von dem dein Unternehmen sehr profitieren wird?

Natürlich ist auch deine Familie wichtig und die Lösung ist, es ist nicht nötig, sich für das eine oder das andere zu entscheiden. Es braucht ein Umdenken. Du kannst deinen Vater liebevoll darüber informieren, dass du an seinem Geburtstag nicht da sein kannst und schlägst vor, dass du ein paar Tage später zu ihm kommst und ihr beide eine schöne Zeit miteinander verbringt. Wenn deinem Vater etwas an dir und deinem Erfolg liegt, wird er Verständnis dafür haben und sich auf dich freuen.

Klare Prioritäten und feste Zeiten für dein Business

Entwickle für dich eine klare Prioritätenliste und lebe sie auch ohne Gewissensbisse oder irgendwelche Zweifel. Sei es dir wert, für dich zu arbeiten!

Es ist wichtig, täglich feste Zeiten für dein Business einzuplanen. Du brauchst einen guten Zeitplan und solltest nicht „heute so und morgen so“ arbeiten. Überlasse deinen beruflichen Erfolg nicht dem Zufall. Das fällt dir leichter, wenn du nicht Überlegungen anstellst, ob du jetzt lieber spontan Tennis spielen gehst oder weiter dein neues Projekt planst.

Ich arbeite vorwiegend die ersten 2-3 Stunden am Morgen nur an neuen Ideen und Projekten. Wenn ich diese Zeit nicht nutze, komme ich im Verlauf des weiteren Tages nicht mehr dazu.

Das kennst du sicher auch. Du hast dir etwas vorgenommen, dann kommt etwas dazwischen und du denkst ständig: „Das erledige ich noch schnell und dann mache ich, was ich mir vorgenommen habe.“ Doch du kommst nicht dazu, weil immer wieder etwas anderes dazwischen kommt, Dinge, die du aber ebensowenig in Ruhe und Sorgfalt erledigen kannst, weil du ständig das Gefühl hast, dafür keine Zeit zu haben, da du doch eigentlich etwas anderes ge-

plant hast. So empfindest du am Ende des Tages ein Gefühl von Unzufriedenheit und denkst, du hast deinen Tag nicht gut genutzt, nicht das geschafft, was geschafft werden sollte.

Denk nicht, als beispielsweise Networkmarketer brauchst du keine geregelten Zeiten, da du schließlich kein Ladengeschäft hast. Doch du benötigst genau so feste Zeiten wie jeder Ladenbesitzer.

Zwinge dich dazu, dein Business an bestimmten Tagen und zu bestimmten Zeiten aufzubauen. Diese Regelmäßigkeit hilft dir, sie verpflichtet dich ernsthaft zu arbeiten und gleichzeitig wird dein Business skalierbar.

Viele Networkmarketer sehen ihr Geschäft als Hobby, daher wird daraus meist auch nicht mehr. Ich kenne keinen erfolgreichen Unternehmer, der von seinem Geschäft behauptet, es sei nur ein Hobby.

Um erfolgreich zu werden benötigt es deine Energie, deine Kraft, dein Engagement, deinen Willen. Doch es macht auch unglaublich viel Spaß, selbst wenn du dann und wann erschöpft ins Bett fällst oder darüber nachdenkst, ob du das schaffen wirst. Natürlich wirst du das schaffen! Du glaubst schließlich an dich und deine Ideen!

Networkmarketing ist nichts für Einzelkämpfer

Du hast sicher öfter als einmal daran gezweifelt, dass Menschen mit wenigen Arbeitsstunden Zehntausende Euros verdienen. Dein Stundenlohn ist vermutlich nicht so hoch, wie du es dir wünschst. Teile dein Wunscheinkommen durch die Zeit, die du für dein Network Marketing Geschäft zu arbeiten bereit bist. So kommst du auf deinen Stundenlohn. Viele Menschen wollen viel verdienen, aber dafür nur ein paar Stunden ihrer täglichen Zeit investieren. Achte genau darauf, wie du deine Zeit einteilst. Was tust du, um dem Stundenlohn gerecht zu werden, den du erreichen willst? Sobald du für dich einen Stundenlohn von über 10 Euro errechnest, kannst du dir einen Gärtner oder eine Reinigungskraft holen, da du in der

Zeit, in der du nicht im Garten arbeiten oder putzen musst, mehr verdienen kannst, als du dem Gärtner oder der Reinigungskraft zahlen musst. Diesen Gedanken solltest du immer im Hinterkopf behalten.

Network Marketing ist kein Tätigkeitsbereich für Einzelkämpfer. Such dir Geschäftspartner, denen du dabei hilfst, so schnell wie möglich eigenständig zu arbeiten. Verlasse dich dabei nie auf einzelne, sondern bleib flexibel und rechne damit, dass du es immer wieder mit Mitarbeitern zu tun haben wirst, die nach einiger Zeit doch wieder kündigen. Leben ist Veränderung, so ist es auch in deinem Unternehmen.

Ich selbst war lange Zeit nicht bereit, mich auf Fremde zu verlassen und konnte mir nicht vorstellen, dass es Arbeitsprozesse einfacher macht, Externe mit ins Boot zu holen, um meine Ideen zu verwirklichen. Doch es ist einfacher.

Ich habe erkannt, dass ich mir nicht alles selbst aneignen muss und dass es mit anderen oft viel schneller geht. Teamwork ist zudem sehr erfüllend, weil viel Input einfließen kann und Dinge effizienter angegangen werden, als es mir mit meinen Kapazitäten alleine möglich wäre.

Wir dürfen nicht vergessen, dass Teamwork, Gemeinschaft und Miteinander die Qualitäten der neuen Zeit sind. Wir sind keine Konkurrenz, sondern Mitbewerber, wir kämpfen nicht, wir erschaffen gemeinsam.

Das ist für mich die Basis von dauerhaftem Erfolg und für das Erreichen von echtem Mehrwert für uns und unser Umfeld.

Richte dich neu aus!

Auch hier ist der Weg das Ziel

Viele haben auf dem Weg zum Erfolg schon nach kurzer Zeit aufgegeben und sich gedacht: „Es klappt einfach nicht, ich gebe auf." Für eine Weile haben sie alles gegeben und dachten, dass sie es geschafft haben, wenn sie vermeintlich ihr Ziel erreichen. Dein Business ist wie das echte Leben.

Der Weg ist das Ziel. Wie oft fixierst du dich auf ein Ziel und denkst, wenn du das erreicht haben wirst, bist du bis zum Ende deines Lebens glücklich und zufrieden? Lernst zum Beispiel deinen Traumpartner kennen und bist der Überzeugung, für immer auf Wolke Sieben zu schweben?

Doch dann kommt die Ernüchterung, es kommen schwierige Zeiten. Vielleicht kommt es zu einer Trennung, vielleicht schafft man es, ein glückliches Paar zu bleiben. Hält man etwas dauerhaft aufrecht, kann es immer wieder aufblühen. So wie eine Blume, die immer wieder gepflegt und gehegt werden will. Willst du einen dauerhaft blühenden Garten genießen, reicht es nicht, ab und zu etwas zu pflanzen, zu düngen, zu gießen. Und auch wenn du Profi im Anlegen eines Blumengartens bist, hat das Wetter Einfluss darauf, welche Blumen schön gedeihen und welche nicht. Es braucht dein ständiges Bemühen und die Einflüsse von außen, die du hinnehmen musst, wenn du sie nicht ändern kannst.

Dein Business ist wie dein Leben

Denke nicht an den Tag X, an dem alles von selber läuft und du nichts mehr tun musst. Es wird Phasen geben, in denen alles gut läuft und du denkst, du brauchst nicht viel tun. Doch die Zeiten ändern sich. Du wirst immer wieder Erfolge und Misserfolge, oder wie ich sie lieber nenne „Lernerfolge" haben. Diese sind eine Chance, immer noch besser zu werden. Es gibt Zeiten, in denen dir das genügt, was du dir bis hierhin erarbeitet hast, und es gibt Zeiten, in denen du unzufrieden bist und mehr willst. Deine Unzufriedenheit weist dir den Weg und sagt dir, dass es Zeit ist, etwas zu verändern.

Es gibt Zeiten, in denen du neue Impulse hast, neue Ideen umsetzt, etwas Altes loslässt, etwas Neues einlädst. Leben ist Veränderung, so auch dein Unternehmen. Du schwimmst mit den ewigen Wassern und bist dir immer wieder deiner Momente gewahr. Genieße die Gegenwart und denk nicht an den Moment, an dem der Fluss endlich ins Meer mündet. Was ist dann? Es ist nicht wichtig. Selbst deine größten Träume werden nicht länger deine größten Träume sein, wenn du sie einmal erreicht hast. Es wird immer etwas Neues geben. Wie kommt es, dass wir oft glauben, dass es nur darauf ankommt, ein Ziel zu erreichen und dass es danach nichts mehr gibt? Dazu fallen mir die Art von Menschen ein, die ein Leben lang einer mühsamen, wenig befriedigenden Arbeit nachgehen und schließlich endlich ihr Ziel erreichen, sich in ihrer Rente ausruhen zu können. Viele von ihnen haben nicht viel von diesem Ziel. Denn es gibt kein erfüllendes Leben danach. Ein Ziel zu erreichen, sollte einem nie alles bedeuten. Es ist nichts weiter als ein Hilfsmittel, das dein Leben voranbringt. Viel wichtiger ist das „Danach". Was motiviert dich weiterhin, auch enachdem du dein Ziel erreicht hast? Wie wirst du deinen Weg weiter gehen?

Wenn du deine Arbeit liebst, fällt es dir leicht, immer wieder weiter zu machen und du wartest nicht darauf, dich endlich ausruhen zu können. Alles im Leben sind nur Momente, die nach den universellen Gesetzen immer wieder nach Ausgleich streben. Ruhe und Aktion, alles zu seiner Zeit und immer wieder aufs Neue.

Du darfst Spaß haben

Ich gehe davon aus, dass du deine Arbeit wirklich liebst und dass deine Motivation, diese Arbeit zu tun und auszubauen, nicht nur ist, viel Geld zu verdienen.

Frage dich, ob du dieses Geschäft auch dann machen würdest, wenn es dir nur wenig Geld einbringt? Oder ob du diese Arbeit sogar dann machen würdest, wenn du kein Geld dafür bekämst oder sogar Geld dafür bezahlen müsstest?

Wenn du deine Arbeit nicht wegen des Geldes machst, was ist es dann? Was ist dein Beweggrund, um mit deinem Network Marketing zu beginnen? Was treibt dich innerlich an? Dein „Warum“ und dein „Wofür“ ist die Basis für dein Gelingen. Das „Wie“ kommt später und von alleine.

Wenn dir deine persönlichen Beweggründe ein gutes Gefühl geben, ein Gefühl, für das es sich lohnt, morgens aufzustehen und etwas zu schaffen, dann kommt auch der Spaß nicht zu kurz. Hast du Spaß an deiner Arbeit, kannst du sie wirklich genießen? Falls du das nicht tust, ist das in meinen Augen fatal. Du kannst nur dauerhaft erfolgreich sein, wenn du etwas tust, das du liebst und wenn es sich für dich lohnt, genau das zu tun.

Mach dir klar, was du mit deiner Arbeit erreichen willst und kannst. Schreibe dir alles auf, so detailliert wie möglich. Sich immer wieder klar zu machen, wieso man seine Arbeit tut, motiviert ungemein, besonders in schwierigeren Zeiten, um das innere Feuer wieder anzufachen. Du kannst deine Ziele in folgende Kategorien einteilen:

1. **Ziele, die deinen Beruf und deine Finanzen betreffen.**

2. **Ziele, die für deine Beziehungen, deine Freunde und deine Familie bedeutsam sind.**

3. **Ziele, die dein eigenes Wachstum, deine Gesundheit, dein Wohlbefinden betreffen.**

Strukturiere Deinen Zeithorizont

Erfolgreiche Unternehmer arbeiten nicht in kurzen Zeitabschnitten, sondern planen viele Jahre im Voraus. Das ermöglicht es, auch mit unvorhersehbaren Vorkommnissen umgehen zu können. Ein Angestellter plant in kürzeren Zeitabschnitten, vielleicht zwei oder drei Tage im Voraus. Es sei denn, er plant seinen Urlaub, das erfordert meist eine genauere Planung.

Wenn du nur Tage oder Wochen im Voraus planst, kannst du nicht erfolgreich werden. Das bietet keinen Platz für große Ideen und spontane Änderungen. Das Ziel muss glasklar sein und die Zwischenziele entstehen danach. Je weiter das Ziel entfernt ist, desto schwammiger sind zwar die Jahre dazwischen, doch das ist völlig normal.

Weißt du, wo du in einem oder in drei Jahren stehen willst? Frag dich das ernsthaft.

Es macht Sinn, einen Zeithorizont zu entwerfen, um dich dauerhaft auf Erfolg einzustellen. Setze dir ab jetzt unrealistische Ziele und plane viel Zeit dafür ein.

Formuliere beispielsweise ein Fünf-Jahres-Ziel. Dann brich dieses in Jahresabschnitte herunter mit der Frage: Wo will ich am Ende des jeweiligen Jahres stehen? Was will ich bis dahin erreicht haben? Dann brich diese Jahresziele wiederum herunter auf die Quartale des jeweiligen Jahres und auf die einzelnen Monate. Was musst du in jedem Jahr tun? Plane dabei Freiräume für Unvorhersehbares ein und kontrolliere jede Aktivität, die du eingeplant hast. So planen erfolgreichen Unternehmer.

Frag nicht „Wie", sondern „Was"

Wenn du ab sofort immer an dein langfristiges Ziel denkst und regelmäßig deine Aktivitäten diesbezüglich überprüfst, dann garantiere ich dir dauerhaften Erfolg. Überlasse ihn nicht länger dem Zufall und höre auf, „zu hoffen". Du bist die Person, auf die du gewartet hast, verstehst du? Sei dir immer klar darüber, warum du das tust.

Die meisten legen zu viel Aufmerksamkeit auf das „Wie" statt auf das „Was". Aber es sollte umgekehrt sein. Wenn du erfolgreich sein willst, lässt du dein Ziel niemals aus den Augen und weißt, dass du einen Weg gehst, der dich zum Erfolg führt. Der Weg, das „Wie", ist zweitrangig. Es führt nicht nur ein Weg zum Ziel.

Das zeigt die Geschichte von Edison. Während unzähliger Fehlversuche, seine Glühbirne zum Leuchten zu bringen, zeigte ihm jedes Scheitern, dass dies noch nicht der richtige Weg ist. Für ihn gab es kein Scheitern, sondern lediglich die Tatsache, dass es so nicht funktioniert, dass es einen anderen Weg geben muss, um ans Ziel zu kommen!

Er hat an sich geglaubt und hat nicht aufgegeben. Angeblich brauchte es 2000 Versuche, bis er die Glühbirne endlich zum Leuchten brachte, ganz nach seinem Leitspruch „Es braucht 99 % Anstrengung und 1 % Eingebung."

Für mich sind solche Vorreiter großartige Vorbilder. Sie motivieren und erinnern mich daran, was alles möglich ist, wenn man an einer Idee dran bleibt und an sich und sein Ziel, für das man brennt, glaubt.

Ist dir dein Ziel klar? Hast du es konkret genug definiert?

Du willst in fünf Jahren finanziell aus dem Vollen schöpfen? Nun, das ist nicht konkret genug. Schreib auf wie viel Geld du auf deinem Konto haben wirst! Beschreibe deine Ziele bis ins kleinste Detail. Das macht, einmal damit angefangen, sogar Spaß. Wenn du damit fertig bist, lass dieses Ziel nie wieder aus den Augen! Es ist immer da und du erinnerst dich Tag für Tag, wofür du das tust, was du gerade tust.

Frag dich immer wieder, ob du das wirklich willst oder was du stattdessen willst. Ein Ziel kann sich auch ändern. Wichtig ist, dass du ehrlich mit dir selbst bist. Es ist kein Weltuntergang, wenn du erkennst, dass du anstatt Multimillionär zu sein, lieber ein kleines Team um dich scharst und mit ein paar Tausend Euro im Monat zufrieden bist. Träume trotzdem groß und mach dir klar, was du noch alles erleben willst, bevor es zu spät ist. Was willst du alles noch erleben? Mach dir eine Liste.

Was sollen die Leute über dich erzählen, wenn du gegangen bist? Was willst du hinterlassen? Was willst du besitzen? Was willst du noch lernen? Was willst du an andere zurückgeben? Wer willst du am Ende sein?

Aus deinen Antworten kannst du konkrete Ziele erarbeiten, indem du dir die Frage stellst: „Welche drei Ziele hiervon kann ich am leichtesten erreichen?“

Wenn du mit kleinen Zielen beginnst und dir diese erfüllst, stärkst du damit deinen Glauben daran, dass du deine Ziele erreichen kannst. Darauf baust du auf und nimmst dir fortan größere Ziele in einem passenden Zeitfenster vor.

Ich konzentriere mich nur noch auf den Moment, wie es ist, wenn ich mein Ziel erreicht habe. Das gibt mir ein unglaubliches Glücksgefühl und eine riesige Vorfreude.

Dieses Leben ist eine Spielwiese für dich, wenn du gelernt hast, es für dich zu nutzen.

Unterscheide zwischen wichtig und dringend

Wenn du dir deine Ziele anschaust, dann sind diese für dich wichtig. Warum sind sie für dich wichtig? Wenn dir etwas sehr wichtig ist, dann wird sein Fehlen bei dir eine Emotion auslösen. Daran erkennst du, wie wichtig es für dich ist. Dann darf es auf deiner Liste stehen. Das Problem mit den wichtigen Dingen ist, dass sie keine knappe Deadline haben. Darum neigen wir dazu, sie zu verschieben oder gar zu vergessen, weil wir dringendere Angelegenheiten vorziehen. Es herrscht schließlich keine akute Gefahr, wenn du eine Aufgabe nicht sofort angehst. Du machst immer die Dinge, für die du dir Zeit einräumst. Das bedeutet, dass du dir für die Dinge, die dir wichtig sind, ganz bewusst Zeit einräumen musst. Das Telefon darf auch ein paar Stunden ausgeschaltet sein, während du dir für etwas Wichtiges Zeit nimmst. Die Welt wird nicht untergehen, die Anrufe können später erledigt werden. Verstehst du, was ich meine? Wenn das, was du gerade tust, nicht wichtig ist für die nächsten fünf Jahre, dann ist es schlichtweg unnötig. Überprüfe das immer wieder. Gleiche deine Aktivitäten mit deiner Liste, mit deinen Zielen ab. Wenn es dir gelingt, deine Motivation für deine Ziele auch für dein zielgerichtetes Handeln zu gewinnen, dann hast du gewonnen. Dann hast du es geschafft, deine Gewohnheiten so umzustrukturieren, dass diese Tätigkeiten wiederum Gewohnheiten geworden sind, die dich weiter bringen. Durch konsequentes Hinterfragen all deiner Aktivitäten und dem ständigen Abgleichen mit deinen Zielenx, erreichst du, dass dein Tag bald optimal gefüllt ist mit dem, was dir Erfüllung bringt. Dann beginnt die Arbeit wirklich Spaß zu machen und du sinkst am Ende des Tages erfüllt und mit Vorfreude auf den nächsten Tag in den Schlaf.

Schreib dir am besten jeden Tag aufs Neue drei Ziele auf, die du an diesem Tag erreichen willst. Das Erreichen all dieser Teilziele bringt dir die nötige Zuversicht und Stabilität, dich deinen größeren Zielen zu nähern.

Du kannst jetzt schon stolz auf dich sein

Weil du dich dazu entschlossen hast, weiter zu gehen als viele andere, die bis an ihr Lebensende in ihrem Hamsterrad verweilen, kannst du jetzt schon stolz auf dich sein. Du gehst nicht den vermeintlich bequemeren Weg, der irgendwann zum Frusterleben führt. Ja, es wird unbequem sein, von deinem Umfeld für deine neuen Entscheidungen, die für andere einfach nicht nachvollziehbar sind oder mit zu vielen Unsicherheitsfaktoren in Verbindung gebracht werden, kritisiert oder gewarnt zu werden. Du bist nicht die Masse, du wählst einen anderen Weg, deinen Weg.

Wenn du dich klar entschieden und positioniert hast, mit der richtigen Einstellung zum Leben, kann dich nichts und niemand mehr aufhalten. Dann ist alles möglich. Doch das kostet dich besonders in den ersten Jahren immer wieder Überwindung. Du wirst dich daran gewöhnen müssen, immer wieder rote Linien zu überschreiten und weniger schöne Momente durchzustehen.

Du wirst dich daran gewöhnen, dass andere deinen Weg ablehnen. Nimm niemals etwas persönlich! Ein Nein bedeutet für den erfolgreichen Unternehmer lediglich: „Noch Ein Impuls Nötig!“ Als mir das jemand erzählte, musste ich schmunzeln und nahm mir von da an vor, mich über jedes NEIN zu freuen und meine Kreativität noch mehr anzukurbeln.

Es funktioniert und es ist ein echt großartiges Gefühl, einem Nein auf diese Weise zu begegnen.

Nimm nichts persönlich, gib niemals auf! Bleib dran, wenn dir dein Ziel wichtig ist! Du wirst immer wieder auf Zweifler treffen, die dir deine eigenen Zweifel spiegeln. Wenn du an dir zweifelst, erinnere dich, warum du angefangen hast.

Tausche deine Wünsche gegen „inneres Wachstum"

Ich habe bereits erwähnt, dass mich das Buch „The Secret" nicht so ganz gepackt hat, weil mir irgendetwas fehlte. Jahre später ging es mir wie ein Leuchtfeuer auf. Ich wusste plötzlich, was genau mir gefehlt hat. Jetzt versuche ich, das dir zu erklären. Auch auf die Gefahr hin, dass du es nicht gleich verstehen kannst oder willst. Denn das Thema geht sehr tief.

Die Themen Spiritualität, Anziehung, Wunscherfüllung werden von vielen falsch verstanden, wie damals auch von mir. Ich brauchte lange, um Folgendes zu verstehen und zu verinnerlichen. Das wahre Geheimnis, etwas zu bekommen, liegt darin, es nicht mehr zu brauchen. In dem Moment, indem du nicht mehr „bedürftig" bist, kann es zu dir kommen. Solange ich mir wünsche, ein Ziel zu erreichen, habe ich es noch nicht erreicht. Sonst würde ich es mir ja nicht erträumen. Doch genau da liegt der Knackpunkt. Das Universum, oder wie auch immer du es nennen willst, liefert dir, womit du in Resonanz bist.

Wenn du Mangel ausstrahlst, was denkst du, wird dir das Universum liefern? Nun stellst du dir die Frage, warum solltest du dann überhaupt Träume oder Ziele haben? Warum das alles, wenn es auf diese Weise sowieso nicht funktionieren kann? Weil es mit einem wunderbaren Trick doch funktionieren kann.

Trickse deinen Verstand aus, indem du dir dein Ziel so vorstellst, als wäre es schon eingetroffen. Sieh dich jetzt so, wie du dich in fünf Jahren siehst, du fühlst es, du bist es in deiner Vorstellung, in deiner Meditation, zum Beispiel vor dem Einschlafen oder wann auch immer. Du lernst, dein zukünftiges Ich bereits zu sein. Sag dir innerlich, dass du erfolgreich bist, dass es dir leicht fällt, dich zu präsentieren und Kunden zu gewinnen.

Du trittst aus deinem Mangeldenken heraus in die Gewissheit, dass du schon erfolgreich bist. Irgendwann fühlst du dich dann wirklich genau so. Das ist der magische Moment, in dem dir das Universum liebevoll spiegelt: „Ja, es ist so. Du bist erfolgreich. Der Erfolg kann kommen!" Kannst du das verstehen?

Natürlich ist es wichtig, deine Ziele aufzuschreiben, groß zu träumen und konkrete Vorstellungen zu entwickeln. Damit nimmst du das Steuer in die Hand und bestimmst die Richtung. Doch übe dich darin, genau das bereits zu fühlen, fühle wie der Erfolg da ist und du bereits die Person bist, zu der du in fünf Jahren werden willst.

Im Grunde ist alles schon da. Es liegt lediglich Zeit dazwischen. Denn dein Ziel steht, je stärker du es fokussierst, schon fest.

Dein Ziel ist klar, du holst es in dein Jetzt und legst damit das Fundament für den weiteren Weg. Deine Gedanken und Überzeugungen führen dazu, dass sich dein Umfeld dahingehend transformieren kann.

Damit schaltest du jeden Zweifel aus. Du bist es dir wert, du nimmst das, was zu dir gehört in Anspruch, in Besitz. Du erlaubst es dir, erfolgreich zu sein. Du weißt, was du der Welt zu bieten hast. Du weißt, dass du etwas Wertvolles zu geben hast.

Du weißt, dass du Erfolg, Reichtum und Fülle verdienst. Kein zaghaftes: „Es wäre schön, wenn....", kein Zweifel mehr „Aber wenn ich es nicht schaffe, ..."

Es braucht dein klares „Ja, das ist mein Weg, den ich für mich wähle und der ist gut! Ich kann es fühlen, ich bin schon da!" Es braucht deine Entscheidung, dein klares Statement! Glaub daran, dass alles für dich möglich ist, dass es schon da ist und dass du es verdienst.

Erwarte das Beste für dich und sei dir gewiss, dass es genauso kommen wird wie das Paket, das du neulich bestellt hast. Oder zweifelst du, dass es bei dir ankommen wird? So ist es mit allem, im Großen und im Kleinen. Wie innen so außen. So funktioniert das!

Im Grunde einfach oder?

Deine Vorteile als Unternehmer im Networkmarketing

Den größten Vorteil des Networkmarketing habe ich bereits im Kapitel „Welche Qualifikationen brauchst du?“ genannt. Du bist innerhalb weniger Wochen in der Lage, dich als Coach oder Berater aufzustellen. Die Nachfrage nach diesen Angeboten wird steigen. Der Markt dafür ist groß genug.

Bleibst du in einem Angestelltenverhältnis, hast du niemals so zahlreiche Möglichkeiten, dich zu engagieren, dich zu zeigen, zu wachsen, schnell Reichweite zu bekommen, dich gut zu vernetzen und dein Talent auszubauen.

Das sind zwei grundlegend verschiedene Typen von Mensch. Der Angestellte verharrt in einem bestehenden System. Der Unternehmer erfindet neue Systeme und verändert sich ständig.

Die Digitalisierung ist ein Segen dieser Zeit. Viele Tätigkeiten sind von zu Hause aus möglich und du kannst deinen eigenen Rhythmus finden. Es gibt dir ein anderes Gefühl, zu Hause freiwillig für dein Geschäft Zeit zu investieren oder für die Firma in deren Büro Überstunden zu machen. Du stehst im Mittelpunkt. Ja, es fordert dich, zu dir zu stehen und rote Linien zu überschreiten, doch es ist auch befriedigend.

Du verlierst dich nicht selbst mit der Frage „Wer bin ich eigentlich und was will ich wirklich?“, weil du die Antwort bereits lebst, weil du immer bei dir bleibst und für dich da bist.

Du setzt deine wertvolle Lebenszeit für etwas Sinnvolles ein, nämlich für dich selbst, für dein Wachstum und für die Welt, der du deine Fähigkeiten und Ideen schenkst. Ich kenne nichts, was erfüllender wäre.

Jeder Mensch, der Potential in sich erkennt und dem Wachstum wichtig ist, müsste in die Selbstständigkeit gehen.

Du selbst bestimmst, wie du dich als Experte auf dem Markt gut präsentierst. Der Kunde ist meist nicht in der Lage, zu beurteilen, welcher Anbieter etwas von seiner Materie versteht und welcher nicht. Selbst die größten Experten sind oft nicht die Besten ihres Fachs. Sie haben sich nur besser vermarktet. Das ist deine Chance, dich zu etablieren. Du hast als Quereinsteiger jede Möglichkeit, der größte Magnet für deine Zielgruppe zu werden.

Als Selbstständiger hast die Möglichkeit, dein Geschäft ortsunabhängig zu führen. Du kannst arbeiten und leben, wo du willst. Ein Geschäft vom Computer oder Smartphone aus zu führen, macht dich nicht nur flexibel, weil du in der Lage bist, ständig darauf zuzugreifen, es bringt dir auch den Vorteil, dass du mehr Kunden erreichen kannst als ein Unternehmer, der an seinen Standort gebunden ist. Du kannst die ganze Welt erreichen, mit Menschen aus aller Welt kooperieren. Das ist nicht zu toppen.

Ein weiterer Vorteil ist, dass du nicht viel Startkapital brauchst, um zu beginnen. Dein Büro ist dein Computer. Dein wichtigster Partner ist dein Mindset. Und geht es dir so wie vielen, die sich vor hochpreisigen Unternehmensberatungen und Coachings scheuen, weil der Geldbeutel noch zu klein ist. Du kannst von den vielen guten Ratgebern in Buchform, Video und Podcast profitieren.

Es ist leicht, sich zu vernetzen und andere Selbstständige mit ins Boot zu holen, um sich gegenseitig zu unterstützen. Jeder ist für sich selbst verantwortlich, es entsteht keine Verpflichtung als Arbeitgeber.

Du lernst unglaublich viel dazu und wirst selbst zum Profi. Es fühlt sich gut an, viel zu wissen und die eigenen Fähigkeiten ständig zu erweitern. Du bleibst am Ball, bleibst in Bewegung und das hält dich jung und lebendig. Schau dir einen Bankangestellten an, der seit zwanzig Jahren denselben Job macht und vergleiche ihn mit einem Unternehmer, der gerade wieder eine neue Idee verwirklicht hat. Welcher von beiden ist besser für seine Umwelt?

Vergiss nicht, wie wichtig es für die Welt ist, dass es Menschen wie dich gibt, die sich trauen, etwas Neues auf die Beine zu stellen, neue Ideen oder wertvolle Hilfen anzubieten! Wie wäre es ohne Unternehmer, ohne Erfinder, ohne neue Ideen, die auch zur Umsetzung kommen, um unsere Welt bestellt? Es gäbe keinen Fortschritt. Wir hätten weniger Wissensschatz zur Verfügung, hätten es sich nicht

Menschen zur Aufgabe gemacht, Wissen durch eigene Recherchen und Erfahrungen zu erweitern und zu verbreiten.

Deine Erfahrungen sind wichtig für die Welt! Glaub an dich, auch wenn du denkst, dass das, was du kannst oder weißt, nicht wertvoll für andere sein könnte. Ich versichere dir, du täuscht dich.

Selbst wenn dir die Welt da draußen nicht so wichtig ist wie du selbst, ist der Schritt in die Selbstständigkeit aus meiner Sicht der beste Weg, um dich selber besser kennenzulernen.

Du lernst, wie du tickst, lernst dich in den stressigsten, herausforderndsten und auch seligsten Momenten kennen und bist gefordert, dich selbst immer wieder zu pushen, zu disziplinieren, zu coachen, zu trösten, dich zusammenzureißen, dir zu vergeben, dich zu loben und zu belohnen.

Von wem könntest du all das besser lernen als von dir selbst? Du bist deshalb nicht auf dich alleine gestellt. Ich will dir damit sagen, dass dich deine Selbstständigkeit mehr bereichern wird als viele andere Momente in deinem Leben.

Dir wird keiner etwas vormachen, du wirst kaum zu verunsichern sein und immer klarer sehen, was für dich wesentlich ist, weil du dich einfach kennst, weil du weißt, wer du bist! Du wirst zum Felsen in der Brandung, zum kraftvollsten Baum, den kein Sturm entwurzeln kann, einfach weil du dich entschieden hast, deinen eigenen Weg zu gehen.

Und da du dieses Buch liest, bist du bereit, dich zu verwirklichen und über dich selbst hinauszuwachsen. Fang einfach an, mach den ersten kleinen Schritt, dann den nächsten und wieder den nächsten. Bleib dran, gib niemals auf.

Epilog

Du weißt nun, woran du noch arbeiten musst. Dir ist klar, wie du dein Leben wie auch dein Business erfolgreich und nachhaltig gestalten kannst. Es darf auch leicht gehen, wenn du die Lebensprinzipien verinnerlichst und merkst, dass vieles von dem, was man landläufig über Business denkt, schlichtweg falsch ist.

Erfolgreicher Unternehmergeist entspringt einer anderen Bewusstseinsstufe. Der eine ist dafür bereit, der andere nicht. Auch innerhalb des unternehmerischen Handelns gibt es inneres Wachstum.

Viele Unternehmer erkennen, dass die Zukunft im kooperativen Miteinander und in Anlehnung an die Gesetzmäßigkeiten des Lebens liegt. Profitgier und Brechstange sind out. Authentizität, Erfüllung im sinnvollen Tun und freie Entfaltung als Individuum sind in! Du lebst und du bekommst das, was du bist!

Bist du für das nächste Level in deinem Leben bereit, scheue dich nicht davor, gesehen zu werden und vor der Wertschätzung für das, was du zu geben hast. Es gibt Menschen da draußen, die auf dich warten.

Sich zu zeigen und gesehen zu werden ist unsere größte Angst und zugleich unsere größte Sehnsucht.

Es fordert beinah jeden, der erfolgreich werden möchte.

Wirklich sichtbar wirst du, wenn du die Menschen, denen du dich zeigst, ansprichst und berührst. Du bist sichtbar, wenn du sie da abholst, wo sie stehen und du ihr Vertrauen gewinnst.

Das gelingt dir, wenn du richtig aufgestellt bist, also dein Inneres zu deinen äußeren Aktionen passt. Bist du authentisch und stehst voll hinter dem, was du präsentierst, fliegt dir der Erfolg zu. Dann bekommst du viel Feedback und ziehst die Menschen an, die mit dir in Resonanz gehen und deren Probleme du lösen kannst.

In das Erreichen deiner Zielgruppe, der Menschen, die deine Unterstützung wollen, darfst du innerlich hineinwachsen. Hör niemals auf zu wachsen, entdecke dich jeden Tag neu und erkenne dich im Außen. Gleich, wie frustrierend es manchmal sein mag, jeder Schritt führt dich näher an das Leben, von dem du träumst.

Wie heißt es so schön? „Vor der Erleuchtung: Wasser holen und Holz hacken. Nach der Erleuchtung: Weiter Wasser holen und Holz hacken." Der Weg ist das Ziel. Ich wünsche Dir auf deinem Weg gute Erkenntnisse und schöne Erfolgserlebnisse, die dich letztendlich alle näher zu dir selbst bringen.

Bodo Schäfer

Ich möchte mit einer Transkription eines Videos von Bodo Schäfer schießen und dir damit die richtige Stimmung mit auf deinen Weg geben:

https://youtu.be/dTpnjs8nHAs

Ich bin davon überzeugt, dass jeder Mensch einzigartig ist und dass wir uns nur dessen richtig bewusst werden müssen. Wir müssen wissen, wer wir wirklich sind.

Welcher Weg ist der richtige für mich?

Wir haben immer die Wahl. Wir leben, wie es andere Menschen von uns erwarten. Dann sind wir eigentlich nur die Summe aller Erwartungen. Wir können uns aber auch fragen: Wie will ich sein? Und dann können wir uns gezielt mit den Menschen umgeben, die so sind, wie wir sein wollen.

Wir müssen wissen, dass wir die meisten Meinungen zufällig übernommen haben. Es geht darum, dass unsere Geschichten und unsere Visionen und unser Ziel in Übereinstimmung sind, – die Geschichten in Übereinstimmung mit unserem Ziel.

Wir haben bestimmte Glaubenssätze als Kinder unreflektiert übernommen. Erwachsen sein bedeutet aber, dass wir Verantwortung auch für unsere Glaubenssätze übernehmen, dass wir uns fragen: Will ich das glauben? Und was hilft mir wirklich?

Die meisten Menschen, die ich treffe, haben völlig destruktive Glaubenssätze über sich selbst. Sie trauen sich nichts zu – oder viel zu wenig.

Unsere Glaubenssätze werden immer wahr. Sie materialisieren sich – und zwar immer. Wir haben dazu diese vier Schöpfungsinstrumente. Unser Denken, unser Fühlen, unser Sprechen und unser Handeln.

Und unsere Glaubenssätze entscheiden was wir denken, was wir fühlen, was wir sagen und wie wir handeln. Darum formen unsere Glaubenssätze unsere Lebenswirklichkeit. Wenn wir anfangen, Unterschiede zu erkennen, neue, differenzierte Wege zu gehen, dann beginnen wir zu lernen.

Eine ganz, ganz wichtige Lernerfahrung ist meines Erachtens ist:

Die Unterscheidung zwischen Talenten und Stärken.

Talente sind das, was wir unsere wahre Identität nennen, die sich in Taten äußert. Das, was wirklich ich bin, womit wir auf die Welt gekommen sind, auch das, was uns glücklich macht, das, was andere als authentisch bezeichnen würden. Viele Menschen spüren das ja.

Auf der anderen Seite die Stärken:

Und hier ist die These, dass wir Mängel hatten in unserem Leben. Alle! Und um diese zu kompensieren, um diese wettzumachen, haben wir Stärken entwickelt, um erfolgreicher durchs Leben zu kommen oder ganz praktisch: Damit uns nicht jemand wehtun kann oder viele Menschen uns nicht wehtun können, haben wir Stärken entwickelt. Diese Stärken sind eine Art Kompensation. Also „um zu“! Um etwas zu erreichen, haben wir sie entwickelt. Es ist nicht unsere angeborene Sache. Es macht uns erfolgreich, aber nicht glücklich.

Die meisten Menschen tun jede Menge Dinge und diese Dinge haben fast nie irgendetwas mit den großen Lebensvisionen und mit ihrem Lebenssinn zu tun. Und warum nicht? Weil sie den Grund ihrer Existenz nicht kennen. Sie wissen nicht, was ihr Lebenssinn ist. Und im Ergebnis tun wir dann das, von dem wir denken, dass man das als Mensch eben so tut.

Die Wahrheit ist: Wir können in jedem Moment unser Leben kontrollieren. Wir sind Designer.

Jeder Mensch hat eine Lebensgeschichte, die ist mal spannender, mal nicht so spannend. Manchmal ist sie fröhlich, manchmal auch nicht so fröhlich. Was wir erkennen müssen: Das wir selber die Autoren sind. Dass wir die Geschichte so schreiben können, wie wir es wollen.

Seneca sagt zu recht: „So, wie du einmal gelebt haben willst, so kannst du jetzt schon leben." Wir können unser Leben täglich neu erschaffen.

Usain Bolt, der große Sprinter, hat gesagt: „Genießt, was ihr tut! Und wenn es euch keinen Spaß macht, dann tut es nicht!"

Martin Greenfield hat einmal gesagt: „Ich bin der glücklichste Mensch der Welt. Trotz Schwerhörigkeit, trotz Krankheiten. Es ist meine Arbeit, die mich glücklich macht." Und ich glaube, dass unsere Arbeit uns Mut machen kann und uns auch Kraft gibt, wenn es etwas ist, das wir wirklich lieben.

Was ich sagen will: Auch unsere Katastrophen, unsere Niederlagen sind nützlich. Sie sind ein Teil unserer Geschichte. Und sie machen uns einzigartig. Sie machen uns anders als alle anderen.

Steve Jobs wurde einmal gebeten, die wichtigsten Lehren seines Lebens zusammenzufassen und er sagte: „Das erste Geheimnis ist das Verbinden von Punkten. Und wir müssen vertrauen, dass die Punkte sich zu einem Bild zusammenfügen."

Die einzige Weise, wie ihr eine großartige Leistung vollbringen könnt: Dass ihr liebt, was ihr tut. Es steht für das, was ich will. Wähle dein Leben und mache etwas Herrliches daraus. Genau dafür sind wir hier.

Wir haben das eine Leben. Worauf wollen wir dann da warten? Ich glaube, es wäre eine schreckliche Verschwendung der Natur, uns Träume zu geben, die wir nicht in die Tat umsetzen könnten. Warum sollte sie so was machen? Ich glaube, wenn wir einen Traum haben, haben wir auch die Möglichkeiten dazu. Nichts, was wir je geträumt, gefühlt, erwünscht haben, ist weg. Das ist alles da. Wir können das alles machen. Es liegt an uns. Ich glaube, dass wir unsere innere Stimme, die immer da ist, meist deshalb nicht hören, weil unser Leben zu laut und zu schnell ist. Wenn wir selber langsamer werden, leiser werden, dann können wir die Stimme hören.

Eure Zeit ist begrenzt. Vergeudet sie nicht damit, das Leben eines anderen zu leben. Lasst den Lärm der Stimmen anderer nicht eure innere Stimme ersticken.

Das Wichtigste ist: Folgt eurem Herzen! Bist du bereit, deinem Herzen zu folgen?

Quellenangaben:

https://www.highermind.de/die-hermetischen-gesetze/

https://lauraseiler.com/die-7-geistigen-gesetze/

https://www.highermind.de/die-hermetischen-gesetze/

https://www.wirkendekraft.at/Kosmische_Gesetze/

https://www.das-hermetische-prinzip.de/was-ist-hermetik

https://spirit-online.de/

https://de.yestherapyhelps.com/the-7-spiritual-laws-of-success-and-happiness-10728

https://www.allesistenergie.net/universelle-gesetzmaessigkeiten-das-gesetz-der-resonanz/

https://www.neverest.at/blog/virginia-satir-kommunikation-und-selbstwert/

https://www.schulz-von-thun.de/die-modelle/das-kommunikationsquadrat/

https://www.women30plus.at/

Literatur:

„Die Gesetze der Gewinner", Bodo Schäfer

„Unf*ck yourself", Gary John Bishop

„Bullshit Rules", Julien Backhaus

„Wissen macht Umsatz", Andreas Baulig

„Networkmarketing. Die Wahrheit", Frank Heister

Haftungsausschluss

Rechtliches & Impressum

Bibliografische Information der Deutschen Nationalbibliothek

Die Deutsche Nationalbibliothek verzeichnet diese Publikation in der Deutschen Nationalbibliografie; detaillierte bibliografische Daten sind im Internet über http://dnb.dnb.de abrufbar

Für Fragen und Anregungen: supranisommer1@gmail.com

Originalausgabe; erste Auflage 2021

Next Level – Wahrer Wohlstand ist unser Geburtsrecht

1. Auflage 2021

Herausgeber: Suprani Sommer by Infinity Sun Spirit Verlag

Autor: Suprani Sommer

Manuskriptbearbeitung: Gisela Nordhausen, LIGHTHOUSE office partner, Christina Rexeis

Umschlaggestaltung: designenlassen.de / Memorychip

Formatierung: Marcello Szlamar / www.mc-productions.at

Printed in Poland
by Amazon Fulfillment
Poland Sp. z o.o., Wrocław

85609381R00087